NOTICE

POUR SERVIR A LA VIE

DE

MERCURIN DE GATTINARA

Grand Chancelier de Charles-Quint

d'après des documents originaux

PAR

GAUDENZIO CLARETTA,

de l'Académie royale des sciences de Turin, etc.

CHAMBÉRY

IMPRIMERIE Vve MÉNARD, RUE JUIVERIE

1898

8° K
3124

DOCUMENTS POUR LA BIOGRAPHIE
DE MERCURIN DE GATTINARA

Extrait du Tome XXXVII
des *Mémoires de la Société savoisienne d'histoire
et d'archéologie.*

NOTICE

POUR SERVIR A LA VIE

DE

MERCURIN DE GATTINARA

Grand Chancelier de Charles-Quint

d'après des documents originaux

PAR

Gaudenzio **CLARETTA,**

de l'Académie royale des sciences de Turin, etc.

CHAMBÉRY

IMPRIMERIE Vve MÉNARD, RUE JUIVERIE

—

1898

MERCURIN DE GATTINARA

PREMIER PRÉSIDENT DU PARLEMENT DE DOLE
GRAND CHANCELIER DE L'EMPEREUR CHARLES-QUINT.

Les publications qui, depuis un siècle, ont paru tant en Italie qu'en France sur cet illustre homme d'Etat, me dispensent d'entrer dans de longs développements sur sa vie. Pour ajouter beaucoup à ce que l'on sait déjà, il faudrait posséder les documents qui sont encore enfouis dans les archives de diverses cours. Il sera donc suffisant d'esquisser ici brièvement la vie et la physionomie historique de Gattinara.

Issu de l'antique famille des *Arborio* qui florissait déjà au xe siècle, il naquit en 1465, de Paulin de Gattinara et de Félicité dei Ranzi, à Verceil, selon toute vraisemblance. Reçu docteur ès droits à l'Université de Turin lorsqu'il avait à peine vingt-cinq ans, il s'adonna aussitôt à la plaidoirie, et obtint de grands succès, ce qui fut cause que le duc de Savoie, Charles Ier, lui proposa de faire partie du Conseil siégeant auprès de sa personne. A raison de l'état de sa fortune, Mercurin préféra les fonctions de vice-avocat fiscal qu'il exerça jusqu'au moment où un autre duc de Savoie, Philibert II le Beau (1), qui venait d'épouser Marguerite d'Autriche, le choisit pour son avocat. A la mort du duc (septembre 1504), il resta auprès de sa veuve, et fut employé par elle pour régler les affaires de son douaire constitué sur les terres juridictionnelles de la Bresse, du Bugey et du pays de Vaud. Or, comme Gattinara débuta auprès de cette princesse dans sa carrière judiciaire et politique, et qu'une grande partie des documents qui suivent la regardent, je crois utile de rappeler au lecteur quelques faits de son existence. Issue du mariage de Maximilien Ier, fils de l'empereur Frédéric III, avec Marie, fille de Charles le Téméraire, et, par conséquent, héritière du duché de Bourgogne et des Pays-Bas, Marguerite, comme la plupart des grandes héritières, fut l'objet des projets ambitieux des princes ayant intérêt de s'agrandir à ses dépens. Fiancée à Charles VIII, roi de France, puis répudiée par lui, quand, à la mort de François II, duc de Bretagne, il trouva préférable de s'unir à Anne, sa fille et héritière, Marguerite épousa le prince Jean, fils de Ferdinand et d'Isabelle de Castille. Mais dans le cours de l'année, ce prince mourut, et, en 1501, la jeune veuve donna sa main à Phili-

---

(1) Philibert de Savoie, dit *le Beau*, né en 1480, à Pont-d'Ain, avait, en 1497, succédé à son père le duc Philippe II. Il mourut le 10 septembre 1504.

bert le Beau, duc de Savoie, qui était lui-même veuf de sa cousine Yolande-Louise de Savoie.

Philibert était jeune et brillant. Il avait acquis quelque renom à la cour de France, et avait fait partie de l'expédition de Charles VIII contre Naples. Il était doué d'un cœur excellent, mais était passionné à l'excès pour la chasse et assez peu diligent dans le maniement des affaires de l'Etat. Il passa, malgré cela, beaucoup de temps à visiter les diverses provinces de son duché, et fit des séjours assez longs en Bresse, à Chambéry et à Turin. En septembre 1504, à la suite d'imprudences commises à la chasse, ce prince mourut à Pont-d'Ain, sans postérité.

C'est ici que se lève la toile du théâtre sur lequel devait se produire l'esprit, la sagesse de celle qui fut *ter olim nupta in Gallia, Hispania et Sabaudia, semel dimissa, bisque vidua.*

Si Marguerite pouvait rivaliser par son éducation et son goût littéraire avec plusieurs filles de race royale, telles que Marie Stuart, Marguerite de Valois, Marie fille de Louis XII, roi de France, duchesse de Ferrare, et ses deux filles, l'Eléonore du Tasse, et Lucrèce, duchesse d'Urbin, elle savait encore habilement manier la plume et le pinceau. Inconsolable de la mort de son jeune époux, cette tourterelle plaintive composa, dans les premiers mois de son veuvage, plusieurs devises bien connues. Ce fut alors aussi que Marguerite décida de bâtir ce grand monument artistique qu'est la célèbre église de Brou en Bresse, qu'elle plaça sous la protection de Saint-Nicolas de Tolentino, récemment canonisé.

Comme elle était assez ferme dans ses déterminations et qu'elle considérait son projet comme l'exécution d'un vœu de ses père et mère et de son époux aussi, la princesse sut vaincre les obstacles que lui opposaient, à raison des dépenses énormes que cette exécution entraînerait, ses conseillers et Charles III de Savoie lui-même, frère et successeur de Philibert.

Effectivement, ce prince devait aussi régler le douaire constitué à Marguerite et qui consistait en une somme de 12,000 écus d'or au coin de France, ou, en échange, dans l'usufruit de la Bresse, du pays de Vaud et du Faucigny. Marguerite était persuadée que ces terres ne pourraient produire un tel revenu, et que le duc se montrerait un peu sourd à ses instances. Elle se rendit auprès de son père, l'empereur Maximilien, qui insista pour qu'elle obtînt satisfaction. Alors Charles III envoya quatre hommes de loi à Strasbourg pour débattre l'affaire. La cause fut plaidée en la présence même de la duchesse Marguerite qui eut gain de cause pour la construction de Brou. En outre, le 5 mai 1505, dans la salle des chevaliers de Saint-Jean de Jérusalem, à Strasbourg, en présence de Maximilien, on signa un traité par lequel Marguerite reçut, à titre de supplément de son douaire, le comté de Villars et la seigneurie de Gourdans en Bresse, avec la faculté de racheter les biens engagés du domaine de cette province jusqu'à concurrence de 1,200 florins. En 1506 mourut le frère de Marguerite, l'archiduc Philippe. Ainsi disparaissaient les unes après les autres les affections terrestres de notre princesse (1).

Les Etats de Brabant se trouvaient alors sans gouverneur. Maximilien, ne pouvant se rendre au milieu d'eux pour exercer le gouvernement, y délégua sa fille qui en prit possession au commencement de l'année 1508 sous la direction de Charles de Croi, seigneur de Chièvres. Mercurin de Gattinara, l'accompagna, et visita les villes de Flandre avec elle et son neveu Charles-Quint, alors âgé à peine de six ans. Ce fut ce jeune prince qui, au nom de la duchesse, fit hommage à Louis XII, roi de France, du comté de Charolais et d'autres terres en Bourgogne. La lettre dans laquelle il informe Marguerite de l'accomplissement de cet acte contient ce plaisant passage : « *J'ai fait votre hommage entre les mains du roi et l'ai baisé en votre lieu, et me repliqua encore de nouveau qu'il eût mieux aimé vous baiser que moi.* » La charge qu'occupa Gattinara fut pour lui un apprentissage des plus utiles, parce qu'il put dès ce moment connaître par expérience le régime et la façon de faire

---

(1) Voir à ce sujet la petite notice publiée par M. Mugnier au tome XXXIII, pages LXXI-LXXVI des *Mémoires et Documents* de la Société sav. d'hist. et d'archéologie.

des nations française, bourguignonne, flamande, germanique, anglaise, espagnole, etc., et s'apercevoir qu'il fallait encore compter, dans le gouvernement, avec la mobilité et l'inconstance des affections humaines.

Sa familiarité avec le jeune Charles assura son avenir ; et sa présence aux conférences de Cambrai, qui précédèrent le traité de ce nom (10 décembre 1508), lui permirent de se perfectionner à l'école de diplomates habiles, tels que le cardinal d'Amboise, représentant de Louis XII. Marguerite, qui connaissait tout l'avantage devant revenir à son père, fort intéressé à enlever au duc de Gueldres (Charles d'Egmont) voisin dangereux des Etats de son neveu, l'appui du roi de France, eut le bonheur de triompher ; et si les historiens et chroniqueurs du temps louent son habileté pour avoir vaincu les résistances du Légat, il n'est que juste d'accorder à Gattinara une partie de ces louanges. Ajoutons que Mercurin fut, avec le prince de Chimay, Henri, comte de Nassau, Gui de la Beaume, Laurent de Gorrevod et messire Oquin, un des exécuteurs testamentaires que la princesse Marguerite choisit dans ses dispositions de dernière volonté rédigées à Bruxelles la même année 1508 (1).

Quoique jeune encore, Gattinara avait été élu président du Parlement de Dôle (2), chef-lieu

(1) Elle ne mourut que beaucoup plus tard.
(2) Succédant à Etienne de Thyard. Il ne prit possession

judiciaire de la Bourgogne ; ce fut dans l'exercice de cette charge que malheureusement il échoua. Croyant être fixé pour toujours en Franche-Comté, il acheta de Guillaume de Boisset la terre de Chevigny près de Dôle et amena en Bourgogne sa femme Andrette Avogadro (1), avec Elise, leur fille unique. Sa condition d'étranger, l'inflexibilité et l'austérité de son caractère, le degré de puissance que peu à peu il avait acquis auprès de la princesse, soulevèrent contre lui une faction d'adversaires, menés par le seigneur de Vergy (2), qui, froissés dans leur susceptibilité, recoururent à tous les moyens pour l'abattre. Cette lutte acharnée est l'un des principaux objets des documents que je

qu'en 1511, après avoir rempli diverses missions politiques en Italie, en Espagne et en France.

(1) Elle mourut entre 1513 et 1517 et fut ensevelie à Chevigny.

(2) Guillaume IV, seigneur de Vergy, de Saint-Didier, de Champlite, etc., baron de Bourbon-Lancy, était le fils aîné de Jean de Vergy et de Paule de Miolans (fille des Savoisiens Jacques, seigneur de Miolans, et Jeanne de la Chambre). Après la mort de Charles VIII, roi de France, il se retira au comté de Bourgogne sous l'obéissance de l'empereur Maximilien qui le créa maréchal de Bourgogne et capitaine de ses gens de guerre. Il réussit à relever sa maison à son plus haut point de splendeur. Le duc de Savoie, Charles III, le fit chevalier de l'Annonciade dans la création de 1518. Il mourut en 1520 après avoir été marié d'abord à Marguerite de Vergy, dame de Chitrey, puis avec Anne de Rochechouart, fille de Jean, seigneur de Mortemar.

publie. Pour n'avoir pas à y revenir d'autres fois, j'entrerai ici dans quelques détails à son sujet.

Mercurin de Gattinara, enfant d'un pays où il n'est pas d'usage de se laisser trop aisément opprimer, et, jurisconsulte éprouvé, savait faire valoir ses droits. Aussi, dès le commencement de ses adversités, adressa-t-il une représentation ou *complainte* à son souverain pour combattre les récriminations dirigées contre lui par le corps de la noblesse. C'est de ce *mémoire* que s'est servi M. de Courbezon pour composer une étude présentée par lui à l'Académie de Besançon dans le dernier siècle, mais qui n'a pas été publiée.

Le manuscrit de Gattinara s'est égaré ; et mes recherches pour le retrouver sont restées sans résultat ; aussi cette perte fait-elle acquérir plus d'importance à la *complainte* que le Président présenta également à la duchesse Marguerite, et qui est le document même dont j'ai donné une notice sommaire dans la première partie de cette étude lue l'an dernier à l'Académie des sciences de Turin.

Cette première partie considérait Mercurin de Gattinara particulièrement dans ses relations avec le Piémont. La seconde traitera de ce personnage dans ses relations avec Marguerite et son neveu Charles-Quint. Pour faciliter aux lecteurs qui ne peuvent consulter ce que j'ai écrit à ce propos, j'en rappellerai brièvement ici le contenu.

Comme je l'ai dit, Mercurin de Gattinara ne démentait point le caractère propre du pays où il était né et avait passé ses premières années. On remarque dans ses *mémoires* une verve un peu railleuse, une inclination à user d'hyperboles, l'habitude de mettre sans crainte le doigt sur la plaie, un penchant à rappeler la grandeur de sa naissance, ce que, du reste, il croyait nécessaire pour ne pas se laisser opprimer par une noblesse orgueilleuse, et envieuse de la situation qu'il avait su se procurer. Telle est du moins l'opinion que je me suis formée en parcourant les pages de la remontrance. Et quiconque la lira sans parti pris pourra se persuader aisément que Mercurin apportait toujours dans le développement de ses propositions une grande opiniâtreté, une ténacité presque choquante. Assez fort en dialectique, il se montrait intolérant et trop ami de la chicane.

La complainte présentée à la duchesse Marguerite est restée autographe ; aussi peut-on douter qu'elle ait été remise à cette princesse. Si, pourtant, elle l'a été on devra reconnaître à son auteur une certaine indépendance d'esprit. Il ne craignait point, en effet, de regarder la princesse comme un petit soleil qu'on peut fixer sans se laisser éblouir.

On le voit tout disposé à déclarer à la gouvernante des vérités assez piquantes, qui dévoilent un peu la faiblesse de Marguerite, et son penchant à fléchir du côté des puissants, quoique ceux-ci ne fussent pas tout à fait soutenus par la droiture de leurs intentions.

Mais que Mercurin ait remis ou non à la duchesse sa représentation, écrite vers 1512, il est certain qu'elle lui fut dictée par la loyauté de ses actions et par la justice de la cause qu'il soutenait. Cependant quand la duchesse vit que le torrent grondait impétueux, qu'un parti puissant avait juré la perte de son premier magistrat, elle ne sut malheureusement pas rester inébranlable. Elle abandonna Gattinara à ses adversaires et le Parlement le destitua de sa charge. Il tomba ; mais avec la plus grande dignité, car il ne daigna même pas faire valoir les droits qu'il aurait eus à protester et à faire reviser le jugement qui lui était contraire. Gattinara quitta fièrement la Bourgogne en compagnie de ce Nicolas Perrenot de Granvelle qui, plus tard, devait lui succéder, sinon dans la charge de grand chancelier, du moins dans la confiance de l'Empereur. Son départ fut un triomphe de la justice de sa cause, car, peu après, il fut chargé de plusieurs légations par l'empereur Maximilien qui le nomma ensuite son chancelier, charge qu'il conserva jusqu'à la mort de ce prince. Ce fut alors qu'il passa au service de Charles-Quint qui, lorsqu'il devint empereur, l'éleva à la dignité de grand chancelier de l'empire, où il devait rencontrer les graves préoccupations et les déceptions qui finirent presque par accabler son esprit.

C'est sous l'empire de ces sentiments que Mercurin de Gattinara dut tenir avec Charles-Quint la même conduite qu'avec sa tante Marguerite, c'est-à-dire lui présenter une remontrance ou complainte pour lui exprimer ses griefs et lui en demander le redressement.

Dans cette pièce, qui semble être de 1526, Gattinara propose comme un procès de révision de sa vie et de l'exercice de ses charges. Examinant, épluchant, retournant et passant au crible ses actions, il se juge, il sépare l'ivraie du bon grain, jusqu'à paraître bien minutieux dans son exposition de certains détails.

Il se donne libre carrière, et ne craignant pas de se louer lui-même, il affirme que nul plus que lui n'a loyalement servi l'empereur.

Toute la partie dans laquelle il examine en détail l'état de sa fortune depuis le temps de son père jusqu'au sien excite quelque curiosité, parce qu'il y dévoile tous les gains qu'il a faits dans le maniement de ses charges.

Comme dans la remontrance à la duchesse Marguerite, il finit par supplier son maître, au cas où ses services lui seraient agréables, de le reconnaître par des actes extérieurs, honorables et favorables à sa dignité ; ou bien, dans le cas contraire, de le lui déclarer loyalement, ouvertement, afin qu'il puisse à l'occurrence se justifier, plutôt que de persévérer dans l'exercice de ses fonctions. Mais à cet égard, nous ne pouvons savoir non plus, s'il présenta ou non à Charles-Quint cette première remontrance. Le fait est que, plus tard, il en écrivit une seconde, qui est le dernier document que je publierai ici.

Persuadé comme il était que les affaires du grand empire ne procédaient plus selon le véritable intérêt du souverain, il se croyait obligé, selon le proverbe que les ministres sont les yeux des princes, de lui représenter les points faibles auxquels il fallait porter remède. Sa remontrance s'occupe particulièrement des questions de finances. Selon son habitude, il met à l'empereur le parti à la main, lui déclarant que s'il se trouve assez puissant pour remédier aux inconvénients qu'il lui a dévoilés, il sera toujours disposé à employer les *cinq* sentiments naturels à son service, tandis qu'à défaut de cette bonne volonté, il préfère être exonéré des charges qui regardent le maniement des affaires de finances (1).

J'espère avoir ainsi suffisamment fait connaître, avec le témoignage de ces documents, le caractère de notre illustre homme d'Etat. Les pièces qui suivent constitueront de nouveaux matériaux pour

(1) Charles-Quint ne se priva pas des services de Gattinara; il provoqua même son élévation à la dignité de cardinal. — Après avoir rédigé ses dernières volontés à Barcelone le 28 juillet 1529, Mercurin de Gattinara mourut à Inspruck le 5 mai 1530. A l'annonce de sa maladie, l'empereur était accouru auprès de lui; mais il ne put qu'assister à ses funérailles.

une meilleure biographie du grand chancelier de Charles-Quint. Jusqu'ici l'histoire a trop laissé dans l'ombre cette noble figure, car il n'est pas douteux que Gattinara ne soit tout à fait digne par son caractère, par quelques-unes des qualités qui brillaient en lui, et surtout par l'influence qu'il exerça sur les événements politiques de son époque, de figurer en une place élevée parmi les personnages historiques.

Après la mort de Mercurin de Gattinara, un inventaire fut dressé des objets formant le bagage d'un cardinal-ministre en voyage et garnissant la maison qu'il habitait dans un faubourg d'Inspruck. Grâce à une obligeante communication de M. le marquis Denis Arborio di Gattinara, nous avons pu ajouter ce curieux document à ceux émanés de la main même du grand chancelier.

I.

EXPOSÉ POUR LA DUCHESSE MARGUERITE

VEUVE DE PHILIBERT, DUC DE SAVOIE (1).

Madame — je vous ay tant ennuyée de mes longues lectres et de mes faicheuses et malplaisantes poursuytes quil me semble debvez avoir regret et desplaisir de me veoir devant vous et de me ouyr parler, pour crainte de plus grand ennuy. Mays madame je suys si malade en mon esperit et ay si grand mal a ma teste jour et nuict que suys constrainct encoures unne bonne foys recourir à vous comme celle de la quelle seule apres Dieu jactends liberacion de mes maulx et non dautres, en vous faisant declaracion des causes de ma maladie et tant et quant pour pourveoir en mon cas si la maladie estoit incurable vous fere ma confession generale de touts les maulx desquelz lhon me vouldroit charger envers vous : en vous rendant compte *et reliqua* de toute la charge et administracion que jay eu de vous : et vous mectre par escript ma derniere voulonté au lieu de mon testament et si ne prenez la peyne madame de lisre le tout à une foys vous supplie du moings en lisre touts les jours ung feuillet jusques à ce que ayez le tout achevé afin que en

(1) Bibliothèque du roi d'Italie à Turin ; *Miscellanea patria,* 148. — La lettre *u* du MS. mise pour *v*, comme dans pou*u*ons, debuez, a été remplacée par notre *v* actuel ; — quelques signes de ponctuation et quelques accents sur les e ont été ajoutés.

mon absence puissiez pour moy respondre aux charges
que lhon me vouldroit mectre dessus, et que puissiez
evidemment cognoistre si je suys si grand diable que
lhon me crie, car ce faisant madame pourrez acquerir
merite envers Dieu et exercer les œuvres de misericorde
et de pitié ayant compassion dung aflict *(affligé)*, conseillant et addressant ung qui est abandonné de toute
ayde et conseil, secourrant ung pauvre et miserable
votre subject et serviteur facture de voz mains qui veust
jamays aultre maistre ni maistresse que vous : consolant
un triste et desolé, relevant un opprimé et indehuement
poursuivi resioyssant ung qui est tout plein de lamen
tation et de deuil, donnant les remedes et medecines que
sont en votre pouvoir pour la guerison de telles maladies desprict que sont plus dangiereuses que celles du
corps pour l'alteration du sens et de lentendement qui
sen pourroit ensuyvir.

Les causes de la maladie.

Madame les causes de ma maladie sont plusieurs,   Indignacion.
mays la principale est quil me semble destre en vostre
male grace et que soyez indignée contre moy et ay prins
grande ymaginacion que ainsy soit pour ce que despuys
mon arrivée de bourgougne vous ay souvent demandé
unne audience a part : pour vous informer à la verité
des afferes du pays : et vous monstrer quelques lectres
que javoye en mes mains a quoy nay peu parvenir et
encoures apres d'une aultre matière dimportance qui ne
touche point à mes afferes mais vous touchoit plus de
pres que nul aultre et dont pouvez tumber en inconvenient et perte, voyre en danger de perdre ce que tenez
en Espaigne sans y pourveoir de bonne heure dont

desiraye pour mon debvoir vous advertir et vous declairer ce que mon entendement en pourroit porter navez jamays tenu compte de le vouloir entendre, car cela me donne assez à cognoistre que si je ne vous suys aggreable a vous parler de vos propres afferes encoures moings vous seroye aggreable à vous parler des afferes d'aultruy ou des miens, et pour ce madame craignant vous fere plus grand ennuy, de ce ne d'aultre chose ne vous poursuyvray plus avant par parolles ne par lectres si non aultant qui vous playra me commander : et que par le debvoir de mon office seray constrainct vous proposer les requestes et matieres qui me tumberont en mains durant le temps que seray par deça.

Injustice. La seconde cause de ma maladie est pour ce madame que en la matiere de ma revision vous ay trouvée si mal informée contre moy que tout jour avez prins mes poursuytes a contre poil : et ay esté si malheureux que a mes propres despens navez voulsu consentir a vous informer de mon droit ou de mon tort, ne vouloir scavoir ou entendre si lhon vous conseilloit bien ou mal et n'avez voulsu eviter les sinistres practiques celon que je vous ay adverty de choisir secretement ceulx qui vous debvoint conseiller sans que nulle des partyes en sceust a parler et quils debatissent entre eulx la matiere avant que vous rapporter leur advis en faisant le serement de riens en reveller : Ayns avez faict tout aultrement donnant la principale [confiance] a ceulx qui estoient suspectz : et le faisant de sorte quil y avoit h[eu plusieurs] jours que ma partye scavoit bien qui avoit les pieces en mains sans que je sceusse a parler et que pis est lhon cognoist assez clerement que lhon faict de loix no[velles ?] a mon prejudice que ne fussent jamais en estre et ne le

sont a aultre fin que pour me cuider rebouter *(rebuter)*
et me faire honte, car madame comme deja vous ay dict
je me vouldray bien soubmettre a perdre la teste que si
les deux seigneurs de la langue latine et autres non
suspectz eussent vehue les pieces de mon proces avec
mes motifs ils ne vous eussent pas conseillé a nous ren-
voyer à Malines, mesmes que nous nestions pas assignés
a ouyr droict sur ce point et nestoient les proces fournis
a ceste fin, ne exhibées les pieces à ce necessaires et
avoyt ma partye adverse tacitement proqué jurisdicion
pardevant vous sans requerir aulcung renvoy à Malines
et quant ainsy il eust requis le renvoy par ses escriptures
qui me sont incogneues ne se pouvoit licitement appoinc-
ter sur ledit renvoy sans me decerner la copie desdites
escriptures avec terme pour dire au contraire, laquelle
copie par moy quise *(quesita,* demandée) ne me debvoit
celon toute justice estre denyée mays messieurs qui vous
ont ainsy conseillé ont donné leur voix en lame *(l'âme)*
daultrui et sur le rapport dung seul : lequel ne scay sil
ha rapporté la chose à la vérité : et ne cognoys homme
qui sceut devant gens lectrés soustenir que par quelque
clausule que soit en la commission de ceulx de Malines
qu'ils se puissent nommer aultrement que juges delegués,
ne qu'ils dussent ou puissent avoir la cognoissance de
ceste revision et cela je la vouldroye porter jusques
au finy contre toutz les choses du monde et quand ce
eust esté le mesme parlement encoures celon toute
disposicion de droict il estoit en mon election de fere ma
poursuyte par devant vous et non par devant eulx et
ceulx mesmes qui vous ont ainsy conseillé ont fait tout
aultrement d'une aultre sentence rendue a Malines de
la quelle la revision ha esté retenue au **privé conseil
du roy le dixieme jour de ce moys** et ce par les mesmes

droicts et fondements que javoye allegués en ma fauveur celon que jay entendu par aulcunz de ceulx qui estoient a la conclusion : et que pis est madame vous ont conseillé de me refuser ung relief en cas dappel : que lhon ne devroit refuser a ung turc ou juyf car cest oster la deffence quest de droict de nature : et cest une chose toute ordinaire en toutz lieux du monde que les greffiers et secretaires ont accoustumé despecher deulx mesmes sans en parler en conseil, mays il fault que pour moy lhon change les loix et stilles accoustumés. Aussy madame touchant les suspicions alleguées il ny ha homme qui sceust soustenir veritablement que celon noz loys lhon ne me peust astraindre a alleguer particulierement les causes des suspicions ne a les prouver, ains souffist seulement jurer que lhon les tient a suspects, et comme madame que je nentends impugner ce que par vous est ordonné ains en tout vous obeyr et prendre en patience, neantmoins ce mest ung crevecœur de me voir si fort pressé que pour la particularizacion des personnaiges et pour les causes quil me fault prouver je soye ainsy constrainct de prendre la pique a tout le monde et mesmes que pour fere mes enquestes sur les dites suspicions je voys si grande difficulté a me pourvoir de commissaires là ou en cas semblables ceulx qui veuillent fere enqueste ont tout jour commissaires a leur grey : voyre les mesmes commissaires ont accoustumé bailler de subroguer a lappetit de celluy qui les requiert actendu que partit adverse si bon luy sembloit pourroit bailler ung adioinct à ses despens et ny ha eu personne de quel estat que ce soit qui ait esté si estrangement ne si rigoureusement traicté que moy, car ma partye adverse pour fere evoquer ma cause par deca allegua toute la court de parlement suspecte, seulement pour ce que j'estoye chief en icelle et sans alleguer aultres causes et sans serement obtint levocation et encoures pour ceste revision il dict quil tient toutz les clercs de bourgongne a suspects et lhon le croit et semble estrange que je treyne a suspects ceulx qui ont iugé contre moy et ceulx qui sont du mesme corps. Aussy Phillipes de Chassey en alleguant genéralement toute la cour de parlement suspecte obtint de vous l'evocation de toutes ses causes sans presenter et sans alleguer nulle cause de suspicion particuliere. Pareillement maistre Pierre de Vers alleguant en general tout le parlement suspect a obtenu deux commissaire a son appetit dont lung est encoure son allyé et leur ha esté commise la cause nonobstant toute suspicions alleguées ou a alleguer, et du temps du feu roy de Castille votre père que Dieu absoille messieurs de Chalemey et de Flagy fisrent evoquer toutes les causes qu'ils avoient contre monsieur le mareschal sans estre astraincts a proposer ou justifier les causes de suspicion, et debvez penser madame puysque je voy et cognoys les aultres estre mieulx portés et favorisés en leur tort que moy en mon bon droict quel plaisir ce me doit estre et quelle joye jen doys avoir mesmement que de tant de partys que je vous ay mis en avant questoient plus que raisonables pour faire administer justice sans faveur et sans suspicion lesquels eussiez peu ouvrir a votre honeur et au proufit des deux partyes : ay esté si malheureux que nen avez poinct voulsu gouster ains les avez toutz reboutés : me veuillant constraindre a fere les preuves de ces suspicions que seront de plus gros fraix et de plus longue treynée que heust esté la vuydange de la matière principale et que ne seront pas à lhonneur de ceulx auxquels le faict touchera : ains est apparant den sortir tel pique et malveillance que durera a la vie des vivans et encores que je ne puys avoir commis pour accomplir ce que vous ha plus *(plu)* ordonner : et que la chose va si a la longue que je pourroye estre frustré du benefice de mes preuves mesmes daulcungs tesmoings desquels nen pourroye apres si aysement jouir durant le deslay qui m'est accordé. Certes ce mest dure chose et cest une racine de maladie qui me travaille fort mays que pour le present celon le cours de la court je ny voy apparence de medecine pour la guérir actendu la indisposicion du temps et les vents qui soufflent aux oreilles : ce me sera assez si je puys tourner ceste maladie en quarte et laisser toutz remedes en actendant le bon temps et actendant que la maladie se puysse guerir de soy mesmes ce qui suys deliberé fere afin de vous laisser passer vostre ennuy.

Diffidence.   La tierce cause de ma maladie est madame pour la diffidence *(défiance)* qu'il me semble avez prinse de moy et que des afferes qui raisonablement celon la charge de mon estat eussent dehu passer par mes mains les avez voulsu caicher de moy et les despecher sans que jen sceusse à parler comme si lhon me tenoit a suspect en vos afferes que mest certes un gros crevecoeur et une grande augmentacion de mes douleurs sans cognoistre cause raisonnable pour ce fere et sans que lhon me sceust veritablement charger d'avoir commis chose pour la quelle deussiez avoir occasion de prendre diffidence de moy, et entre aultres choses avez faict la despeche pour l'assemblée des estats sans que lhon men ait dict ung seul mot comme si jestoye celluy qui la deust empescher et que lhon eust juste cause de se garder de moy que je treuve bien estrange : car certes madame ne treuverez que jay taiché à autre chose que a votre bien et prouffit et si les

choses ne sont allées celon la bonne intencion que j'avoye
la faulte nest en moy ains la treuverez en ceulx auxquelz
presentement prestez loreille : et Dieu veuille madame
que lyssue en soie telle que la desirez. Mays je me doubte
que soubz ombre de charité et par les moyens que je
voy dresser [vous] trouverez en passaiges si estroictz que
a peine en pourrez sourtir sans plus grand danger ou
inconvenient : et que ne faictes celon la fable de Ysope
du chien qui pourtoit la chair en sa bouche et la laissa
tomber en l'eau cuidant avoir plus grosse piece que luy
sembloit veoir à son umbre : et ainsy se treuva frustré
et perdist tout. De quoy Madame me souffist de vous
donner advis et vous laisse la charge pour y penser. Car
quant au faict de ma maladie touchant ce poinct j'en
actendray la rose nouvelle pour ma guerison et tiens que
le faict (*l'effet*) qui sen ensuyvra tournera la diffidence
quavez prinse de moy en plus grande confidence.

 La quarte cause de ma maladie est madame pour la   Honte.
honte que ma esté faicte par plusieurs foys en vostre
presence : car de ce qui appartenoit à la charge de mon
estat a esté baillé charge a aultre de proposer les matieres
a ma barbe affin que je fusse tesmoing de ma honte, en
sorte que si je neusse treuvé aultres matieres pour proposer devant vous en gardant mon honeur : ce meust
esté si gros reprouche et reboutement que je ne m'en
fusse ousé treuver non saichant les matieres desquelles
lhon debvoit parler : et non ayant pensé à ce que lhon
debvoit deliberer et conclure car quant oyres votre bon
plaisir eut esté de fere veoir les pieces a aultre pour les
rapporter puys que entendiez que je deusse estre present
à la deliberation et conclusion cela ne debvoit estre à
mon desceu. et que je ne les eusse prealablement vehues

pour cognoistre si lhon feroit le rapport à la verité : et le faisant a mon insceu nestoit nul mestier de me fere ceste honte que de moy appeller au conseil et mesmes cognoissant les choses estre ainsy apportées et accoustrées par aultres mains seulement afin de me fere honte : ce que jay enduré a grand regret et ne cognoye homme de mon estat qui leust prins si patiemment.

Reprouche. La cinquiesme et derniere cause de ma maladie est madame pour ce quansi en tous les conseils qui ont esté tenus en votre presence despuys ma venue par deça mavez toutjours piqué et chargé des frais et despens supportés a cause des prisoniers et autres poursuytes faictes en bourgongne tant de monseigneur le mareschal, procureur de Charroloys, maistre pierre de Vers, Philippe de Chassey, monseigneur de Loye que autres ; inferant comme lhon vous donne entendre que les frais soient plus grands que le prouffit et avez assez par voz parolles donné à cognoistre que teniez a estre pour ma faulte et pour avoir creu mon conseil, et que nestiez deliberée de plus ainsy legierement croyre. Et certes madame cela mengendre grand douleur et regret considerant questes informée a contrepoil : et que les faultes daultruy lhon les charge sur moy comment vous declareray particulièrement cy apres sur la fin de ma confession generale et lhon vous donne entendre que de tout le temps que je vous ay servye naesté question que de vous fere despendre *(dépenser)* inutilement et sans nul fruit et ceulx qui chargent sur moy vous doibvent fere toute riche, et vous le croyez ainsy, may[s] la fin couronne.

La confession generale.

Madame aprez que vous ay descouvert ces cinq playes bien daingereuses et les cinq causes de ma maladie lesquelles procedent de vous madame et ne peuvent avoir remede que de vous seule considerant que les penitences se doibvent bailler celon la qualité des pechés et celon les circonstances diceulx pour lesquels les pechés se peuvent aggraver ou amoindrir et cognoissant la confession estre salutaire non seulement aux maladies de lame et de lesprit, mays a celles du corps afin que puissiez clerement cognoistre si jay merité de vous telle penitence je feray ma confession generale de tout ce quil me semble que lhon me veuille charger envers vous : et vous declareray toutes les circumstances afin que cognoissez si je vous ay si fort offencé : que lhon vous dict et si je vous aye esté si maulvays serviteur et si fort dommageable à vous fere despendre inutilement et sil y ha aultre peché dont je naye presentement souvenance duquel lhon me voulsist charger je mectray peynne quand il me sera reduict a memoire de rendre mon debvoir : declairant pour le present ce dont il me souvient.

Le premier peché madame duquel lhon me vouldroit charger envers vous ce pourroit estre de desobeissance et obstination que sont deux filles dorgueil pour ce que nay voulsu obeir et satisffere à vostre desir : touchant lappoinctement de mon proces du quel si souvent vous ha pleu me parler : et que me treuvez obstiné de poursuyvre ma revision. Mays madame a bien considerer les circumstances : ceste desobeissance et obstinacion ne sont point

<small>Désobéissance et obstinacion.</small>

en mal : car cest pour garder l'honneur lequel celon que dict l'Aristotle c'est le plus grand bien que lhon peust avoir en ce monde, et Sainct Paul dict qu'il est mieulx a lhomme de actendre la mort que de laisser perdre son honneur et sa gloire : et avec ce madame comme desia vous ay declairé je suys obligé a plus grand maistre car jay [fait] veu et serment de poursuyvre jusques à ce que la sentence de Malines soit revoquée et mise a neant. Et combien madame que si jestois ouy en justice et quil vous eust pleu me pourveoir de juges non suspects non seulement jeusse gardé mon honneur ensemble mon voeu et serement, mays encoures jeusse gaigné plus de deux mil escus lesquelz je perdroye a la marchandize : soit pour appoinctement ou a laisser exequter la sentence : neantmoins si je cognoissois moyen dappoinctement qui ny eust perte que des biens et que mon honneur y sceust estre gardé jeusse compté le gaing comme si je leusse jouhé aux cartes : mays je scay bien que par quelque appoinctement que lhon sceust dresser avant que la sentence soit mise a neant je perdroys les deux a scavoir : lhonneur et les biens, et contreviendray a mon veu et serement que me seroit trop grief et ce seroit ung mourseau que je ne pourroys bien avaller ni digerer en mon estomac, et avec ce madame afin qu'entendez le secret de ceste matiere et que je me confesse a vous à la verité, vous fault scavoir que quant dyrez sans blesser mon honneur et sans contrevenir a mon veu et serment je puisse condescendre a appoinctement qui me fust plus prouffitable que de laisser exequuter la sentence car ils ne me scauraient poyer et que leur mesme sentence porte quil ne leur faille vendre ou engaiger deux foys aultant de rente que vault Chivigny et ne taichent a aultre chose que davoir quelque argent de moy et jamays ne intemptèrent le procès a aultre fin et jamays ne leur ay voulsu accorder ung seul dernier pour retenir la pièce ne accorderay tant que je viv[ray] pour une seule raison : que quant jauroys la pièce sans procès je men vouldroye fere quitte du tout : et scay bien que quant je la vouldroys presentement vendre en argent comptant je nen trouveroye pas tant d'argent que jen pourroye avoir par la mesme sentence rendue en leur faveur et de largent que jen pourroy tirer a mon prouffit en poyant ce que fault poyer par ladite sentence je trouveroye bien aultre part acheter une meilleure pièce et de plus grand revenu, et me mectroye dehors de toute brouillerie et avec ce mon action d'injure quest reservée par la mesme sentence seroit assez pour me recompenser une bonne part des frais, en sorte que sil nestoit pour l'honneur jaymeroys mieulx quitter tout le prouffit de la revision et me tenir à la sentence et pour ce madame pouvez cognoistre celon les circumstances quelle penitence je dois avoir de ce peché de desobeissance et obstinacion que ne me semble pas celon ses qualités estre mortel.

Le second péché Madame duquel l'hon me vouldroit charger envers vous ce pourroit estre davarice et convoytise et de ce nay sceu aultre qui men charge que mes parties adverses, disans que par avarice et convoytise jay acquis la seigneurie de Chivigny contre disposicion de droict. Mays a ce il y ha clere responce de la quelle apparestra par le mesme procès, car il ny ha droict quelconque qui deffende les officiers perpetuels dacquerir a juste pris publiquement et ouvertement et ny peult avoir avarice ou convoitise dacheter a tel pris que jay acheté quest plus que la pièce ne vault : et

Avarice et convoitise.

mesmes que laquisicion fu faicte en mon absence que je ne cognoissois ni lune partye ni l'autre, et daultre avarice et convoitise lhon ne me scauroit veritablement charger car il ne sera trouvé que a cause de mon office jaye prins ung denier de personne vivant ni chose que ne soit de droict permis a toutz juges et officiers et c'est la cause pour quoy jay baillé libel en action diniure contre mesdites parties adverses dont le proces est encoures indecis, et puysque ce poinct est en instance ny gist quant a ce pugnicion ni penitence.

Orgueil. Le tiers peché madame duquel lhon me vouldroit charger envers vous cest dorgueil veuillant inferer que par mon orgueil et arrogance je ne m'ay sceu entretenir avec Monseigneur le mareschal : ains ay prins la pique contre luy dont sont procedés toutz les aultres maulx et brouilles qui despuys sont survenus en Bourgongne, des quels me semble que lhon veult entierement tourner la colpe sur moy. Mays madame a bien considerer la racine et les circumstances de ce peché et de ceste charge que lhon me veult bailler, j'espere que troverez que de ce ne suys en culpe ou faulte : ains le tout se debvroit plustost attribuer a la culpe et faulte dudit seigneur marechal, car si monseigneur le marechal ha conceu hayne ou pique a lencontre de moy et de votre court de parlement ce seroit a son tort et sans aulcune juste cause, et ne sest treuvé que par moy en particulier ne par votre court de parlement en mon temps ait esté faict contre luy chose quelconque : si non pour le debvoir de nos offices pour laquit de notre serment et pour garder votre auctorité, ayns sera trouvé que pour ce que ledit sieur marechal vouloit user de ses voulontés contre vostre auctorité et contre votre justice, que de mon temps ne lui ha esté souffert accomplir entierement, ains luy ha esté resisté le mieulx qui ha esté possible et mesmes que lhon ne luy souffrist bailler les licences et congiez contre vos deffences tant pour la traicte des blez que des questes, desquels congiez il vouloit user et en fere son prouffit : et aussy que lhon ne lui souffrist exequter certaines sentences de Romme contre la forme de larrest donné par le feu roy de Castille en faveur de messieurs de Chalemey et de Flagy et contre les deffences generales de votre conté de Bourgogne lesquelles il mesprisoit sans avoir placet de vous. Pareillement que lhon ne souffrist à monsieur de Besançon son fils (1) usurper la juridicion temporelle sur les subjects de votre comté de Bourgogne pour les matieres reelles contre la forme des arrets rendus en vostre court de parlement du temps de feu monseigneur le duc Charles votre grand père (2) : ains sur ce fusrent audit sieur de Besançon faictes les deffences de part vous, celon la forme desdits arrets. Et semblablement pour ce que le dit sieur marechal en mesprisant votre justice et auctorité entretenoit en son service ung brigand larron et homicide questoit banny du dit conté nommé Guillaulme Reguauld lhon le fist par auctorité de vous et de votre court de parlement prendre en sa compaignye et combien que ledit sieur mareschal escripvist plusieurs lectres en partye gracieuses et en partye rigueureuses pour le reavoir, neantmoins votre dite cour de parlement pour son debvoir ne le vouloit permectre, ains pour ses demerites fust exequuté et mis au dernier supplice et

(1) Antoine, élu évêque de Besançon en 1502, mort en 1541.
(2) Charles le Téméraire, duc de Bourgogne.

que lhon estoit apres pour fere prendre aulcunes aultres
vouleurs et brigans que le dit sieur mareschal recepvoit
et retiroit en sa compaignye non obstant quils fussent
bannys du pays et deffendu a toutz subjects de non les
retirer ains les prendre et les remectre a la justice lesquels vouleurs et brigans ledit sieur mareschal sous-
tenoit et pourtoit contre votre auctorite et justice.

*Nous nous abstenons de reproduire ici quelques
pages du mémoire où Gattinara s'étend dans des par-
ticularités sur le maréchal de Vergy, qui ne présen-
tent plus aujourd'hui aucun intérêt historique.*

....

Et parce que dict est se peult facilement respondre a
touts les poincts qui concernent la pique du dit sieur
mareschal et la hayne qu'il ha conceu contre moy et
ceulx de votre court, lesquels selon que aultres foys il
ha faict declairer pardevant vous par une memoire présentée a monsieur de Nay consistent en cinq poincts
principauls, aux quels pour vous mieulx informer ces
circumstances respondray particulierement.

Le *premier* et principal poinct dont il se plaignoit
quest la racine des aultres subsequtifs estoit a cause
desdits prisonniers qui fusrent ostez de ses mains et mis
en vostre chasteau de Bracon : et quant a ce poinct, la
response est trop apparente, car ayant regard aux dites
inductions confessées par la ditte femme (1) a la crainte
en laquelle elle estoit de non oser dire verité au reffus

---

(1) La femme « d'un capitaine *(français)* nommé *Didier
Constantin* » qui avait été arrêté pour incursions sur le
territoire de l'Empire, et assemblées secrètes dans les bois
de la Comté.

que le dit sieur mareschal faisait de non la laisser questioner (*mettre à la torture*) celon questoit ordonné pour scavoir la verité et la qualité des cas desquels la cognoissance appartenoit seulement a vous et à votre court nestoit pas convenable que lesdits prisonniers demeurassent en ses mains et ne luy pouvoit ayder dire quils fussent ses serviteurs actendu que votre court de parlement non seulement doit avoir la cognoissance des serviteurs et subjects du mareschal mays de luy mesme comme lhon ha vehu fere en France dung conestable qui fu pugny et jugé par le parlement jusques au dernier supplice.

Le *second* poinct du quel ledit sieur mareschal se plaignoit estoit pour luy avoir esté denyé lentrée du chasteau de Bracon ; mays la responce est peremptoire car il ne se trouvera que de part moy ou de votre court : luy ait sur ce esté faicte aulcune deffence : et si le capitaine dudit chasteau qui avoit les prisoniers en charge avec deffence de part vous de non les delivrer a personne ha craint les menaces du dit sieur mareschal disant quil les iroit prendre par force et ha craint non seulement de perdre les prisoniers mays aussy destre mis dehors de la place comme il avoit esté autorisez pour obeyr ledit sieur Mareschal, n'est de merveille sil y voulsit fermer la porte et mectre provision pour soy garder de force et ce faisant ha faict vertueusement pour soy aquiter de la charge quil avoit : et en ce ny ha matiere de se plaindre.

Le *tiers* poinct duquel icelluy seigneur mareschal se plaignoit estoit de ce qu'il disoit que lhon entreprenoit sur son office pour avoir mis aulcunes garnisons a Dole. Et quant a ce y ha aussy bonne responce car cela se faisoit principalement pour se garder de luy et de ses menasses : et obvier que lhon ne fist force a votre court et a votre justice. et est licite et permis à ung chascung de pourvoir a sa garde sans demander congé a mareschal ne aultre et nest pas deffendu de fere toutes assemblées de gens pour assister la iustice, et de constraindre a ce toutz les subjcetz sans demander congé au mareschal, mesme (1) en tel cas quant la rebellion vient de luy. et quant a ce point lhon auroit meilleure cause de dire que luy faisoit contre le debvoir de son office, car il debvroit estre pour fortiffier la court et la justice et non pas pour luy ouster l'auctorité.

Le *quatriesme* poinct duquel il se plaignoit estoit pour ce que ladite court prend cognoissance des matieres de fortificacion guet et garde et menus tamperements lesquels il disoit entièrement et nuement appartenir a loffice de mareschal, et quant a ce ne sera trouvé que la court ait prins cognoissance de telles matières si elles ne sont venues par appellacion : et avec ça pour l'ordonnance de feu monseigneur le duc Jehan celon la quelle lhon ha reigle en telles matieres, la cognoissance dicelles nappartient point au mareschal mays aux baillis et par ainsy il se plainct a tort.

Le *cinquiesme* et dernier poinct duquel il se plaignoit estoit des appelacions qu'il disoit avoir esté reconnues en la court touchant lesdites matieres de fortificacion disant que celon lordonnance lhon y doit proceder non obstant opposicion ou appellacion. Mays a cela la response est toute clere car la clausule non obstant opposicion ou appellacion combien quelle soit de tel effect que lhon procede a l'exequcion sans preiudice dicelle : neant-

(1) *Mesme* ou *mesmes* a le sens de *surtout, principalement*.

moins elle nempesche poinct que lhon ne baille le relief
en cas dappel pour cognoistre sil ha esté bien appellé ou
non. et ne se doit plaindre ledit sieur mareschal si lhon
appelle de luy, actendu que lhon peult bien appeller
dung gouverneur de pays voyre du prince souverain et
journellement lhon appelle de l'ouctroy de vos mandements et sont les dites appellacions traictées en votre
court de parlement. et pour ce ne fault pas que le dit
sieur mareschal veuille fere une nouvelle loy de son
auctorité et preheminence et cuyder que sa personne
seule doit avoir aultant d'auctorité que unne court de
parlement parlant par la bouche du prince ou princesse
car ce seroit se vouloir parangoner aux princes ou se
fere plus grand. Et pour ainsy madame me semble que
ayant bon regard à toutes les circonstances de ce tiers
peché du quel lhon me vouldroit charger il ny auroit
pas occasion de me bailler grande penitence : ains plus
tost le tout bien pesé jeu debvroye avoir remuneracion.

Le *quart* peché madame duquel me semble que lhon Contemption
et mespris.
me veult charger est de contempte et mesprisement que
sont aussy des filles dorgueil : veuillant inferer que pour
le mesprisement des nobles et vassaulx vos subjects
jaye aquis la malveillance de la noblesse du pays et esté
cause des esmocions et brouillies qui regnent presentement : et certes madame si ainsy estoit que je fusse
entaiché de ce vice que de vouloir contempner et mespri-
ser la noblesse je me tiendroy bien digne de grosse
penitence car je peicheroye contre nature actendu que je
suys naturelement noble en toutes façons que lhon puisse
intituler et blasonner noblesse. et a prendre la noblesse
des ancestres et predecesseurs celon la diffinicion d'Aristotle et de Plato, je feray bien clerement apparoir par

bons et anciens enseignemens que deja du temps de lempereur Frederic Barberousse la maison de mes predecesseurs florissoit, et monstreroye encoures la fondacion de la ville de Gattinaire faicte par mes predecesseurs : et y ha huict ou neuf chasteauls en Vercellois qui sont tous du nom et des armes que je porte : et se sont mes predecesseurs tenus longuement sans recognoistre nul superieur, et ny ha que cent et xii ans que mes dits predecesseurs se submisrent pour les guerres qui lors regnoient en la protection de monseigneur de Savoye soubs le quel ils sont demeurez jusques au present avec beaulz et amples privileges et ne dis pas cela pour me louher car je nactribue point à ma gloire ce qui ne depend pas de moy. et si lhon veult prendre la noblesse comme dependant et procedant de vertus celon la sentence et diffinicion des stoïciens quest la vraye noblesse ; je tiens madame que le degré de ma profession la science légale en la quelle ay prins ma nourriture et la dignité de l'estat que lempereur et vous mavez baillé n'empirent de rien la noblesse procedant de mes ancestres et predecesseurs et seroys bien marry madame destre entaiché d'aulcung si grand vice que je deusse estre privé des privileges et preheminances de noblesse. Mays certes madame je tiens que quant aurez bien enfoncé la racine et serché (*cherché*) toutes les branches et circumstances de ce peché trouverez quil nest pas si grief que lhon vous donne entendre, ains quant vous vouldryez fere informacion generale envers touts les nobles du pays : et a ung chascung en particulier vous trouverez quil ny eust onques president en Bourgongne que si bien ait recueilly et traicté les nobles que jay faict. et avant le debat de monsieur le mareschal ils me adoroyent comme Dieu et despuys que ledit sieur mareschal ha prins regret et pique contre moy a son grand tort comme dessus se sont joincts avec luy touts ceulz qui ont accoustuméz user de voulonté et qui craignent iustice lesquels vous nommeray bien en particulier quant vous playra et vous declaireray les causes : et sont bien ayses davoir ung tel chief, par lequel ils pensent que justice cessera : et que par son adveu et assistence ils seront les plus forts et gouverneront le monde a leur voulonté : et ne trouverez madame que les gens de bien qui ayment justice se veuillent se mesler de ces piques et brouilles ne se trouver en leurs assemblées, ains quant seroit question de fere les listes des nobles du pays qui seroient pour moy et de ceulz qui seroient contre moy vous trouveriez quil ny auroit pas grand nombre qui se declarast contre moy ne qui se voulsist signer. Et ceulz qui crient a present contre moy sont a ce incités par aulcungs des principauls de votre maison.

Combien madame quant vous plaisroit fere appeller tous ces criards et touts ceulx qui me donnent ce bruict que je suys enemy de la noblesse, nen trouveriez pas ung qui vous sceust alleguer unne seule cause raisonable pour se plaindre de moy, ne quils sceussent dire que je leur eusse faict ung tort ou une rudesse en particulier ni en general.....

Et semble que toutes les querelles generales quils font soubz le nom de la noblesse se peuvent reduisre en troys poincts principaulx soubz lesquels touts leurs plainctifs sont comprins.

Le *premier* poinct est quils se plaignent que lhon senquiert de leur vie et que lhon tient plus grosses rigueurs aux nobles que aux aultres en les condampnant en grosses amendes : Mays ce plainctif semble bien

legier et a leur grand tort car qui vouldroit fere une loy
pour ung et aultre [loi] pour aultre, et que lhon senquist
des ungs et non des aultres : ce ne seroit pas justice qui
doit estre esgale aultant aux petitz que aux grands et
ny doit avoir acceptation de personne et combien que
aulcungs me veuillent bailler ceste charge a moy seul
que je menquiers de leur vie toute foys que je ne men
mesle point car ce nest pas mon office. Mays quant vous
procureurs et advocats font leur poursuyte daulcungs
messuz *(mésus)* soit contre nobles ou aultres cest bien
que moy et les autres de votre court administrons
iustice indifferament sans nul cognoistre, aultrement ne
nous acquitterions à nos debvoirs ne celon noz serements
Et quant lhon regardera les proces qui ont esté faits
contre eulz despuys mon temps, lhon treuvera que la
court du parlement ha usé envers eulz plus de misericorde que de rigueur de justice et quelle ha esté plus
benigne que nappartenoit et encoures sil y ha heu quelques amendes adjugées contre aulcung de messieurs les
nobles vous madame les avez pour la plus part quittées
et remises dont sen peult estre ensuyvy ce que dict
Cicero que la facilité de pardonner baille occasion de
delinquer. Et si au lieu dunne pugnicion corporelle
aulcungs de messieurs les nobles ont esté pugnis en la
bourse ilz nont cause de se plaindre : et ne seroit a
reprendre si les nobles estoient condampnés en plus
grosses amendes que les mequaniques (1) car comme dit
Virgile d'aultant que celluy qui peche est plus grand
daultant le peché est plus grief et celon nos loix combien
que les mecaniques quant a ces pugnicions corporelles
doibvent estre plus aigrement pugnis, les nobles doibvent

(1) Les personnes adonnées aux arts mécaniques.

estre plus aigrement pugnis quant aux amendes pecunieres lesquelles se doibvent imposer celon les qualités des personnes et des biens.

Le *second* poinct duquel ils se plaignent est de la longueur de la justice et des gros frais quil leur convient fere a la poursuyte des procès : et aussy des pertes et faveurs que lhon faict en avançant ung proces plus tost que laultre, veuillants inferer que par ce moyen les clercz acquierent les chevances des nobles gens. Mays a ce il hy ha assez bonne response car sil y ha longueur des proces il ne procède ne de moy ne de la court : ains plustost de ceulx qui ont faict les ordonances du temps passé et se trouvera que de mon temps se despecha plus d'arrests en un an que ne se vouloit despecher en deux du temps de mes predecesseurs : et ay faict oster beaucoup de choses que souloient engendrer plus grande longueur comme de non remectre les parties par devant commissaires desquelz procedoient plusieurs appellations que rendoient les causes immortelles, et aussy vuydant les appelacions finales sur le banc sans aultre procedure, et semblablement par les nouvelles ordonnances, y eust eu grande abbreviacion et diminucion des frais desquelles eulz mesmes ont empesché la publicacion sans scavoir pourquoy et sans quils sceussent ce questoit dedans : et ce na esté que une esmocion conspirée sans fondement et sans cause a lappetit daulcungs qui eussent esté marriz du bien et ne sera trouvé que de mon temps jaye favorizé nully contre raison ne faict tort a personne quelcunque ne pris ung seul denier daulcune des partyes playdoians, directement ou indirectement ; et si je lay prins je me submetz a perdre la teste. Mays madame il nest pas possible de contenter tout le monde ne despecher tous les procès qui sont en la court : car il y en ha tant que en troys ans lhon ne scauroit despescher ceux qui sont desia receuz aux arrestz sans ceulz qui viegnent journellement, tellement qu'il est bien force que en despechant les ungs, les autres demeurent, et si lhon prefère aulcune foys quelque pouvre homme, ou il y ait pitié en quelque matiere requerant celerité en deslaissant ceulx qui peuvent mieulz actendre ils nont juste cause de soy mescontenter : car lhon fait ce que le serment de notre profession et de noz estatz requiert et ce a quoy toutz princes sont tenuz dessus toutz aultres garder, les droicts des pauvres pupilles orphenins veuves et aultres miserables personnes, et de vouloir empescher que les clercs acquierent les chevances des nobles cest alleguer leur honte, car lhon ne constrainct nully a vendre ou aliener ses biens et sil nont en eulz le sens de vouloir apprehender quelque vertu pour scavoir garder leurs biens et les accroistre ains se moquent de ceulz qui s'addonent a quelque exercice de vertu ensuyvant ce que dict le philosophe que la science na plus grand ennemy que lignorant : et sans avoir esgard a la qualité de leurs biens et de leur estat se veuillant monstrer plus grands qu'ils ne sont et que leur facultez ne peuvent porter et que pour ce moyen ils soient constrainctz a vendre leurs biens. Certes en ce ils sont plus a blasmer que ceulx qui ont du gaing de leur exercice et de leur sueur et par leur vertu et industrie aquierent justement en accroissant leurs biens sans les laisser perdre ou diminuer, comme sont les juristes qui ont employé leur jeunesse a estudier jour et nuict pour apprehendre la science legale afin de consaguir (de *consequere,* acquérir) le fruict que promect le bon legislateur : lempereur Justinien disant que la science legale ne laisse nully vivre en pouvreté ne mourir en anxiété et quant a moy au regard de laquisicion de la seigneurie de Chavigny je croy que le vendeur ne sen plaindra point : car il nen eust pas tant trouvé autre part et ceulz qui marchandèrent en mon nom haulcèrent le pris plus que nul autre et le Dieu grâce je ne lay pas payé de nul gaing que jaye faict en Bourgongne car avant que je començasse exercer mon estat en Bourgongne javoye assez pour la payer et du temps de laquisicion je navoys pas exercé mon office troys mois et par ainsy en lachetant a juste prix je nay faict tort a nully et quant jeusse si bien cogneu les gens que jay cogneu despuys jeusse employé mon argent aultre part. Mays cest trop tard.

Le *tiers* et dernier point duquel messieurs les nobles se plaignent est par aulcuns articles quilz disent avoir esté mis et couchez es nouvelles ordonnances a leur preiudice et me semble celon ce que je puys entendre quils se mescontentent principalement de cinq articles desquels certes ils ont grand tort : et nont juste cause de sen plaindre ne mescontenter.

Je me borne à analyser ici les accusations de la noblesse contre Gattinara, énumérées longuement dans son mémoire.

Les cinq points auxquels se lient les accusations sont les suivants : 1º d'avoir voulu éloigner les chevaliers de la cour ; 2º d'avoir restreint hors du convenable le nombre des associés à la confrérie chevaleresque de Saint-Georges ; 3º d'avoir attenté aux prérogatives des baillis ; 4º d'avoir voulu contraindre la noblesse à prêter main-forte à l'exécution de la justice toutes les fois qu'elle en avait été requise ; 5º d'avoir établi des règles de procédure préjudiciables à la noblesse. Gattinara établit par les arguments qu'il oppose à ses adversaires que leurs accusations n'étaient pas fondées.

Discension. Le *cinquiesme* peché madame du quel lhon me vouldroit charger envers vous cest de discension quest une des filles de envye : veuillant inferer que par mon moyen votre court de parlement soit en bandes et que celon ce votre pays soit divisé. Mays certes madame sil y ha eu aulcunes bandes et divisions ce na esté par ma faulte, et ne me puys appercevoir que en vostre court de parlement lhon puisse dire quil y ait bandes ni divisions : et nen cognoys que deux ou troys (*membres du Parlement*) qui ne se se aquittent le mieulz que leur est possible. Et combien que pour oster touts scrupules et pour plus grand contentement des partyes plaidoyans je vous eusse conseillé en oster aulcungs et les mectre en aultre estat a cause qu'il y avoit le beau pere et le beau fils, deux freres et deux cousins germains ce n'estoit pas pour faulte ou parcialité que jeusse cogneu car le plus souvent jay veu le beaufils contre loppinion du pere et le frere contre le frere et le cousin contre le cousin celon que les esprits des gens sont plus esveillés a prendre ung fondement de droict lung mieulx que l'aultre : mays quant lhon les faict apres estudier sur les difficultés de droict ung chascung se range à la raison : et de ma part jay bien monstré que je ne tenoys poinct de parcialité car en vous conseillant de oster lung des *salnies (sic)* je vous ai aussy conseillé de oster lung des *boissets (sic)* lesquels lhon dict estre mes mignons, que n'est pour aultre chose que pour ce que jay logis en leur maison, et quils venoient plus souvent manger avec moy que les aultres et ne scay dont soit venu et veu de bandes en la court si non de philippe de Chassey et de maistre Pierre de Vers pour ce que le dit philippe de Chassey durant le temps quil fust arresté a Dole allegua a suspects aulcungs de la court de ceux que luy sembloit quil ne pourroit resduisre a son propos, ce que ledit maistre pierre ensuyvit apres et desla fusrent baptises les bandes, mays a la fin comme scavez ils tindrent touts a suspects et ainsy ny ha que une seule bande. Au regard des divisions du pays, certes madame lhon men charge a tort, car jusques au debat et emocion de monseigneur le mareschal ny ha jameys eu personne que sceust a parler de division quelconque en tout le conté : et ny ha nul que se sceust jamys appercevoir si jestoye *Chaton* (1) ou *Vergy*, ou blanc ou noir. Mays despuys que monseigneur le mareschal se declaira me vouloir mal fere et quil me menassoit si fort de me venir trover a si grosse compaignie jusques a Dole et en votre court jeusse bien esté beste si je ne me fusse rallyé et fortiffié de vos bons subjects pour y garder votre auctorité et preserver ma personne et ayant trouvé madame la princesse (2) qui pour l'honneur de vous ma toujours offert de me garder de force et de me bailler toute ayde et assistance ce quelle ha faict m'abandonnant toutes ses maisons et de monseigneur son fils pour moy y retirer quant mestier seroit ce n'est pas de merveille si je me suys fortiffié de son ayde et me retiray soubs sa garde et protection puys que la vostre estoit trop longtaine et en ce ne me peult lhon charger que jaye esté cause daulcune discension ou division, ains plus tost, la colpe en debvroit estre attribuée audit sieur

---

(1) Probablement ainsi appelés des noms de deux factions qui divisaient la Bourgogne impériale.
(2) Jeanne, princesse de Neufchâtel ?

mareschal qui ha faict les esmocions et je debvroye avoir remuneracion d'avoir soustenu vostre auctorité.

Vengeance, ire et courroux.

M. de Loye.

Le *sixiesme* peché madame duquel lhon me vouldroit charger est de vendicacion, ire et courroux, veuillant inferer que pour vindicacion et courroux et non pour le debvoir de justice jay constitué prisonnier monsieur de Loye, et que de ce soyent proccedés les esmocions et tumultes qui regnent au pays. Mays certes madame a bien considerer les circumstances je croy que ny trouverez de mon cousté peché ou faulte : ains entre touts princes et gens vertueulx je seroye plus tost digne de louhenge que de reprehension car madame actendu la vye qui par cy devant il avoit mené comme chef des vouleurs qu'estoit unne chose toute notoire entre toutz les princes circumvoysings et que par toutz ceulz qui avoient esté exequutés tant en Bresse et en Savoye que en vostre court de parlement a Dole il avoit toujours esté accusé et inculpé de tels crismes et delicts et que le dit sieur de Loye contre vos edicts et deffences alloit en armes par votre pays : et estoit le bruyt quil avoit faict mourir sa femme et ses enfans et quil avoit esté de lentreprinse de Joulz et de la faulce monoye de Crevecueur (1) et par les edicts estoit baillé auctorité a ung chascung de prendre tels gens ainsy allans en armes par pays je ne scay quand il n'y auroit aultre chose que la seule renonmée comme lhon pourroit excuser de la prinse quelle neust esté licite et raisonable et faicte a bonne cause et tant plus pour les aultres circumstances

---

(1) Il fait ici allusion à la fausse monnaie qui se frappait à Crevecueur, un des fiefs de la principauté de Masserano qui appartenait jadis à la famille des Fieschi de Gênes, transmis depuis aux Ferrero de Bielle en Piémont.

desquelles par aultres mes lectres vous avoye assez
advertye mesmes de lassemblée faicte icy au partir de
la confrerie de Sainct Georges des practiques desquelles
jestoye adverty que lhon demeuroit pour fere quelque
œuvre de faict : du bruit que lhon disoit que debvoit
estre aux estats de ce que lhon mavoit adverty de non
my trouver daultant que jaymois ma vie, et que si je
my fusse trouvé jeusse esté tué tout royde : et aussy que
jestoye adverty que le dit sieur de Loye en armes estoit
demeuré bien huict jours en ung villaige attendant la dite
assemblée des estats et actendant comme il disoit la venue
de monseigneur le mareschal et de monseigneur le
comte de Furstenberg que des le lieu ou le dit sieur de
Loye reposoit il pouvoit venir par les boys jusques a Dole
et les menasses que lhon mavoit rapporté quil me
menquoit du cueur du ventre lesquelles choses vous
eusse en partie faict cognoistre par lectre et signatures
sil vous eust pleu a me donner audience a part quand je
fus arrivé de Bourgongne et vous eussie monstré aultres
choses dont eussiez esté plus saige a entendre les fins
des gens et par ainsy me semble que lhon ne me scauroit
arguer de la prinse : car il est permis non seulement a
ung president mays a toutz officiers de prendre et de
tenir toutz malfaicteurs et ceulx qui ont voulsu dire que
cestoit acte de prevost de mareschal (1) font honte a vous
madame et non a moy : et est bien vray que ledit sieur
eust esté mieulz seant es mains dung prevost de mareschal que dung president pour y fere la raison comme il
appartenoit et qui eust esté faict madame si eussiez
envoyé le mandement celon la minute que paravant
vous avoit esté envoyée pour ordonner ung prevost de

(1) Chef de police.

mareschal en blanc et sen ayder au besoing et eust esté faicte la justice avant que eussiez esté advertye de la prinse. Mays pour faulte dudit mandement et pour faulte dudit prevost de mareschal il a bien esté force treyner la chose plus a la longue : pour les empeschements survenus a votre justice car du temps de la prinse votre court estoit levée pour les festes de pentecostes et estoient les conseillers en leurs maisons et ne fusrent assemblés de xv jours après, et pendant monsieur le mareschal et les aultres assemblez a Gy exigèrent les lettres rigueureuses et fisrent porter les parolles a moy et ceulx de votre court telles que lhon vous envoya par escript, et tantost après survinrent les menasses et memoires de monseigneur le comte de Furstemberg et successivement les lectres de lempereur desquelles aussy vous fust envoyé la copie tellement que ceulx de votre court craignants desmouvoir plus gros debat et estre reprins de vous ne ousairent proceder plus avant jusques à ce que fussiez bien advertye et quil sceussent sur ce votre bon plaisir. Et quant vous eust pleu seulement escripre deux mots que lhon deust fere justice, il ny eust poinct eu de faulte et eust esté faicte a diligence, mays lhon ne sceust jamays avoir de vous lettre ne response sinon par les escriptes par monsieur l'aulmosnier que arrivèrent seulement ung jour ou deux avant que la court fut levée, par lesquelles mandiez seulement que lhon deust parfaire le proces jusques a deffinitive exclusivement, sans atoucher a la personne, et icelluy procès perfaict le vous envoyer ce que ne se pouvoit ainsy despecher puysque la Court se levoit, et que les conseillers sen alloient chascung en leurs maisons et nestoit pas raison qu'ils deussent là vaquer a leurs despens et sans gaiges.... *Nous supprimons encore ici quelques réflexions sans intérêt.*

Déjà paravant la dite prinse (du sʳ de Loye) je vous advertis des esmocions qui estoient des assemblées que se faisoient journlelement et quil nestoit nouvelles que des gens allans en armes par pays : et vous advertis des moyens pour y pourvoir et que si vous laissiez enraciner ces voulountés : vous ne les sauriez après reparer a deux cent hommes d'armes (à moins de 200 hommes d'armes), et les causes desdites esmocions estoient l'arrest rendu contre le conte de Furstemberg (1) au prouffit de monseigneur de Neufchastel (2), la prinse du prestre qui estoit de la garnison de Mothe avec les lectres de monsieur le mareschal trouvés sur luy jusques a xv ou xvi, et aussi la main mise au temporel de monsieur de Besancon (3) lesquelles esmocions estoient avant la dite prinse dudit sieur de Loye et beaucoup plus daingereuses quelles nont esté despuys. Ainsy la prinse du dit sieur de Loye, joinct le bruit questoit que moy mesme debvoye aller avec grosse compaignie pour prendre ceuls questoient deans le prioré de Mouthe (4) et les fere incontinant pendre, fut cause de rammener monseigneur le mareschal a la raison de fere vuyder ceuls de la dite garnison : et dire quil vouloit avoir bonne intelligence avec ceuls de votre court ce quil neust jamays faict sans se

(1) Frédéric IV, comte de Furstemberg, chevalier de la Toison d'Or, qui rendit de notables services à l'empereur Maximilien.

(2) Probablement Louis d'Orléans, duc de Longueville, comte de Neufchâtel, comme mari de Jeanne, fille de Philippe, marquis de Hochberge, dernier des comtes de Neufchâtel.

(3) *Antoine,* fils de M. de Vergy.

(4) Mouteux, à Saint-Quentin en Vermandois.

veoir en danger apparant dy avoir plus grande honte et dommage : et mesmes que vostre court procedoit contre luy par commendements et a la rigueur : et sil estoit a le fere a present il ne le feroit poinct et vous poyeroit de belles parolles et par consequent a bien considerer toutes les circumstances de ce peché ny trouverez madame matiere de peché ains plustost de louhenge et de vertu.

Le *septiesme* et dernier peché madame du quel lhon me vouldroit charger pourroit estre de paresse et negligence joinct une indiscrecion de despence a votre charge veuillant inferer que par ma faulte et negligence et par ma maulvaise conduicte vous afferes nayent esté bien poursuyvis et conduicts et que par mon moyen avez esté contraincte a fere beaucoup de frais inutiles. Mays madame quant a la paresse et negligence jespere que nen trouverés poinct que lhon puisse attribuer à ma culpe car de ce qui ha esté bien poursuyvis par vos procureurs et advocats dont les procès ont esté fournis devers la court ny ha riens demeuré a vuyder ou il y eust apparence de quelque prouffit pour vous et si les poursuytes nont esté faictes par eulz comme il appartient lhon sen doit prendre a eulz et non pas a moy qui les en ay solicités par plusieures foys comme du faict de Joulx et de troys ou quatre aultres bonnes matieres dimportance qui ont esté vehues en la court : et par arrest ha esté ordonné quils verroient les pieces pour poursuyvre vos droicts ce que jamays ils nont voulsu fere et na tenu a aultre chose sinon que votre procureur general nentend pas bien son office et vos advocats ne prendent pas grand soucy de vos afferes et votre substitut s'excuse que maistre Pierre de Vers ha retenu les pieces des procès commencés lesquels il na peu fournir ains seulement poursuyvre causes nouvelles : et si vous en eussies faict pugnir quelcung les aultres y prendroient exemple mays il semble que lhon sen moque et pour ce ne fault arguer ma negligence : et quant a lindiscretion de ma conduicte et frais que lhon dict avez supportés par mon moyen certes madame je ne me veul pas dire si discroit que je ne puisse faillir comme ung aultre et croy bien que eussies trouvé gens plus habiles et plus propices a si grande charge mays je ne veuil pas me confesser si indiscret que jaye esté cause des frais quavez supportés, ne que pour ma faulte vos afferes ayent esté mal conduicts car certes madame a bien considerer toutes les circumstances trouverez que ny ay culpe quelcunque.

Nous supprimons également ici quelques passages où Gattinara discute longuement l'importance des frais qu'il a faits pour le service public et s'efforce de démontrer que les uns ont été payés par les personnes poursuivies et que les autres n'ont rien eu d'excessif. Ces frais se rapportaient « aux prisonniers du château de Bracon », aux gardes ordonnées aux portes de Dôle durant le pardon ; à la capture du procureur du Charolois, à la poursuite de Philippe de Chassey et de Pierre de Vers, à l'emprisonnement du sieur de Loye, enfin à la garnison établie à Dôle pour la sûreté du Parlement et pour assurer l'autorité de la gouvernante.

Les descharges et solucions des pechés precedents.

Madame ce sont les sept pechés principaulx desquels lhon me veult charger envers vous, lesquels celon les circumstances dessus declairées ne me semblent pas estre mortels, ains si peché y peult avoir ce seroient pechés veniels qui sen debvroient aller avec leau benoyte, et pour ce madame que bien faisant une confession lhon doit non seulement dire les circumstances que peuvent aggrever les pechés mays aussy celles qui les peuvent ammoindrir et descharger, je vouldroye bien madame que ceulz qui mont chargé que je vous ay faict tant despendre inutilement vous informassent aussy bien du gaing que poviez avoir eu en ladministracion de justice durant le temps que jay vaqué en lexercice de mon estat : et que lhon gardast bien sur les registres le choix qui est et la différence des despeches (1) faictes en ma présence et de ce que lhon a despeché en mon absence car je croy que lhon trouvera plus despeché en ung an, moy present, que en deux moy absent : et prendre? bien sur ma charge de vous fere apparoir que des condempnacions faites a votre proufiit despuys que le pays est en vos mains y comprins les confiscations : trouverez que en eussiés peu resduyre a votre proufiit plus de quarante mil francs : questoit assés pour supporter touts les frais ordinaires de votre court de tout votre temps : et enquerez vous hardiement de messieurs de vos finances commant cela ha esté distribué : et si vous lavez donné ou quitté ou sil est demeuré en la plume ou commant il en est allé et si ces brouillis ne fussent survenus et que justice eust esté auctorizée comme il appartenoit si y eust eu plus grand prouffit, et combien madame que lhon ne doje (*doive*) en soy confessant declarer les pechez d'aultruy neantmoins quant ils peuvent servir de circumstances il est permis de les desduire et alleguer incidemment sans charge particuliere de ceuls aux quels le

(1) Des causes expédiées.

faict pouvoit toucher : et pour ce afin de trouver meilleurs circumstances pour attenuacion et diminucion de mes charges et pour rabbattre sur mon compte en vous rendant raison entière de mon administracion : me semble madame que je vous pourroye bailler une bonne solucion (paiement) et descharge sur tout ce que lhon me vouldroit charger : vous alleguant ce que dict Salomon en ses proverbes, *non est malum in civitate quod rex non faciat,* demonstrant que les princes et ceulx qui les gouvernent et conseillent sont cause de touts les *maulx qui se font en leurs pays et en leur subjection :* et ce advient quand les princes ne pugnissent les malfacteurs et que lhon y va par dissimulacions monstrant de non veoir les maulz que lhon faict, souffrant les debiles et foibles estre opprimés et suppedités des forts et que justice ne regne aussy bien contre les grands que contre les menus : ains y ha acceptacion des personnes avec les ports et faveurs qui ne permectent la balance de justice estre droicte et par ainsy madame pour ma descharge seulement je pourroye licitement retorquer contre vous et messieurs de votre conseil touts les mandements qui ont esté alleguès contre moy : pour ce que avez esté sy bien conseillée de laisser ainsy enraciner et pulluler les voulontés desordonnées encourre les rebellions faictes contre vous et votre auctorité : souffrir regner ceulx qui en usent et leur bailler auctorité et dominacion : vous tenir en crainte de vos subjects : y aller par flatteries et dissimulacion, laisser opprimer battre et maltraicter vos officiers et ceulx qui doibvent porter votre auctorité, non vouloir croire le conseil de ceulx qui vous advertissent à la vérité des inconvenients apparents lesquels voiez maintenant a loeil, et non veuillant donner les remedes convenables quelhon vous mectoit en avant : et qualors estoient faciles et en votre pouvoir. Certes madame ce sont les causes et racines dont les maulx vont pulluler et croitre car sont les causes pour les quelles les inconvenients accroissent et multiplieront tout jour : et si vous eussiez usé des remedes desquels avez esté advertye par foys reiterées il ny eust prince ou princesse en Bourgogne qui eust esté mieulx extimé plus craint et mieulx obey que vous : et neussiez les crieryes et rompements de teste quavez à present, car madame si du commencement eussiez laissé aller le treyn de justice pour comprimer les voulontés et rebellions de monseigneur le mareschal, que eussiez despeché les mandements tels que lhon vous envoyoit les minutes, ou que du moings, despuys que eustes entendu les plaintifs que monseigneur le mareschal vous fist fere par monseigneur de Ray : et les responces que fusrent faictes sur ses articles en votre conseil et que la conspiration faicte pour me charger fut descouverte, et que pouviez assez cognestre son evident tort : vous luy eussiez monstré que laviez a regret : et que l'eussiez mandé venir devers vous ou commectre quelques bons personaiges pour entendre le different questoit entre luy et moy et lappoincter à la raison ou ainsy que vous eust pleu : sans luy exciper ou que du moings vos lectres neussent esté si gracieuses qu'il sembloit qu'eussiez crainte de luy, et que lhon le vouloit flater pour l'adoucir. Certes madame il neust pas aprés eu lardiesse de prendre votre procureur de Bracon, et vos lectres et les ouvrir et retenir : et neust pas reprins la femme de Didier Constantin apres quelle fu par vous délivrée de prison et la fere deslivrer en la juridicion de monsieur de Savoye et quelle avoit dict par devant a vos commissaires, quest à votre barbe, et je le vous avoye bien predict avant que la missiez dehors et navez pas tenu ce que promistes en cas quil feroit ainsy quil ha faict. Aussy neust il pas esté prendre Humbert Droulier lung des principaulx vouleurs, quil ha plus dung an et tantost deux quil le constitua prisonier, et ne scet lhon ce quil est devenu : combien que cestoit lung de ceux qui estoit de l'entreprinse de Joulx et ny avoit personne pour mieulx descouvrir toutes ces vouleries que luy : et semble que sa prinse nast esté aultre fin que pour eviter que ses entreprinses ne fussent descouvertes sachant que lhon estoit après pour le prendre : et pour non le courroucer lhon na jamays oui requerre de le remectre a votre justice ainsy que la raison vouldroit. Pareillement sil eust esté ung peu bien chapitré des premiers rebellions et voulontés indehues, il neust pas ainsy entreprins de vouloir tenir par force le prioré de Mothe contre votre auctorité et votre justice ne de fere ces invencions que ce fust de part lenpereur comme il ha faict, dont lempereur par ses lectres le desadvouha disant que cestoit seulement contreuvé. Mays madame pour ce que de si enormes cas nen avez tenu compte et les avez passés par dissimulacion et luy avez escriptes toutes doulces et gracieuses lectres luy persuadant quil avoit tout jour bien servy vous et vos predecesseurs luy recommandant vos afferes et monstrant avoir toute confidence en luy, desquelles lectres il en ha envoyé les copies par tout en confortant ceulx qui luy adheroient et esbahissant les aultres cela ha diminué l'auctorité de votre justice : cela ha esté cause des assemblées faictes despuys : cela ha esté cause de mectre aux champs le conte de Furstenberg et que toutz ceulx qui craignent iustice se sont retirez soubs sa banniere et cela ha esté cause des lectres et deffiances escriptes a moy et a ceulx de votre court et des criées que lhon faict sans cause, desquelles navez jamays tenu compte ni faict unne seule remontrance... etc., etc.

Les dangiers qui sont apparents a advenir.

Madame pour mieulx descharger mon compte afin quil ne me demeure pas si grand reliqua sur mes espaules et afing que ung jour puissiez cognoistre si je vous dis verité ou non, fault que je vous mette en avant les dangiers qui pourroient advenir, et le plus apparant... cest de la charge de ces estats que vous dressez a monseigneur le marechal : car il est a doubter que madame la princesse quelque semblant quelle en face et quelques bonnes parolles quelle vous face porter de demeurer tout jour votre tres humble subiebt et servante et de soy employer en tout ce que seroit a votre service neantmoins elle aura ung merveilleux regret de ce quelle estoit entierement declarée pour assister votre justice et garder votre auctorité et que a ceste cause monseigneur le marechal avoit conceu grande hayne contre elle et y avoit envoyé le fils de monseigneur de Viry a porter des rudes parolles non pas de part luy mays de part le conte de Gruyeres : dont elle fu bien marrye et luy respondist fort vigueureusement et jamays ne luy ha voulsu escripre despuys et ne sest entrer en mon entendement que quelque couleur que lhon luy saiche bailler quelle le doit prendre de bonne part et me doubte que de ce ne sen ensuyve lung des troys inconvenients ou que madame la princesse pour le regret quelle en aura trouvera quelque excuse honneste pour non se trouver a lassemblée, et non si trouvant il est a craindre quil ne si face pas grand chose et ny aura la conclusion telle quelle y seroit faisant lassemblée a son grey et peult estre quil y aura des gens supposés qui viendront en plus grand nombre et auront voix et ne seront pas au propos, et si madame la princesse et monseigneur le prince y ont des deputés, ils tacheront de reprendre aultre journée afin de vous donner a cognoistre que sans sa presence et sans son ayde les aultres ne vous pourroient fere gueyre de service ni de prouffit ; que si elle si treuve sans estre préalablement reconciliée avec monseigneur le mareschal lung chantera hault et laultre bas et a peyne se pourront ils accorder a votre prouffit et pourroit estre que monstrant que ce fust maulgré elle monseigneur le prince qui est jeusne et dehors de tutelle pourroit prendre la bride a touts les deus et dire que puysque vous endurez les voulontés de monseigneur le mareschal et que estes en crainte de luy il nest pas de moindre estouffe *(étoffe)* et pourroit mectre dessus des gens voulontaires lesquels pourroit desabvouher quant luy plaisroit, et peult estre quil prendroit cette ayde et assistence que pourroit estre cause de vous fere perdre le pays et le mettre dehors de vos mains ; ou si elle et monseigneur le mareschal s'assemblent et quelle par despict se accorde avec luy il y auroit danger que ce ne fust a votre plus grand prejudice et qu'ils ne partissent *(partageassent)* le butin en sorte que vous en eussiez la moindre part et quils ne mang[e]assent vos subjectz en sorte que y trouveriez avoir petite auctorité ; et quils en seroient mieulx maistres que vous.

Secondement, madame me semble que monseigneur le marechal poursuyt l'accroissement de ses gaiges celon quil les avoit du temps de l'empereur... Il vous dira quil les a bien merités...

Ici Gattinara fait remarquer à la duchesse Marguerite que si le sieur de Vergy n'a pas d'argent il ne pourra pas se conduire en maitre et devra « se retirer en Savoie en son privé estat ». *Puis il épluche longuement encore les actions de ses adversaires.*

Les remèdes pour obvier aux dangiers dessus declairez.

Madame combien que en vous declairant les dangiers dessus escriptz je vous ay incidentement escript aulcungs remedes. neantmoins pour ce qu'il y peult avoir aultres remedes plus urgens pour me mieulx acquitter et descharger celon le debvoir de mon serment ay deliberé les veus declairer. Et me semble madame a votre bonne correction que le principal et souverain remede... seroit que vous feissiez que les memoires et instructions et lectres generales des estatz fussent dressés principalement a madame la princesse et que lui fissiez porter principalement ? comme ayant souvenance de ce quelle vous avoit paravant escript après les deux continuacions des dits estatz, avez en suyvant son advis ordonné de les fere assembler et que avez faict dresser les paquets aux baillis pour fere distribuer les lectres particulieres afin de gaigner temps : et tant et quant si elle sexcusoit ne pouvoir estre au jour assigné que vous luy envoyssiez ung mandement de continuation avec le jour et lieu en blanc pour le mectre a son grey declarant que nentendez les estatz estre tenus sans sa presence : et que le tout soit conduict par son advis et conseil comme celle en laquelle avez tout espoir et entieres confidences et que faictes faire doubles lectres generales de credence : et

que en lune dicelles elle soit principalement nommée
de votre part avec tels que vous plaisra et luy fere porter
par elle comme avez faict fere doubles lectres afin quelle
choisisse ce que luy semblera meilleur pour conduisre
les choses a vostre desir : ou de prendre la charge de
part vous a fere la demande : ou de non prendre charge
et se trouver a lassemblée avec les autres pour dresser
les matieres, luy faisant declairer comme avez faict nommer monseigneur le mareschal afin que le fruict de
lassemblée ne fust par indirect empesché et la prier que
pour lhonneur de vous et pour votre bien sans avoir
regard a aultre chose quelcunque elle se veuille employer que le fruict de ladite assemblée sensuyve celon
votre desir luy faisant offrir de luy fere quelque porcion
du fruict qui sen ensuyvra : et luy escripre quelques bons
mots de votre main : car il ny ha riens qui soit meilleur
pour la gaigner. Avec ce madame me semble que pour
votre honneur et pour le bien de vos subjectz debvriez
aussy escripre ou envoyer par memoires a icelle dame
princesse comme estes fort desplaisante des piques et
brouillis qui ont regné et regnent en votre dict conté, et
que desirez bien par son moyen trouver remede de les
appaiser plustost par doulceur que par rigueur si possible
estoit : et que a ceste cause aviez esté plus encline de
donner ceste charge a monseigneur le mareschal afin
quil eust cause necessaire de soy trouver devers elle : la
priant d'appeler avec elle une couble *(un couple)* de bons
personnaiges dudit comté et de plus paisibles non affectés
a lune partye ou a laultre, elle veuille remonstrer a
monseigneur le mareschal et a ceulx qui luy adherent
en ses volontés et cryeries que vous estes deliberée dy
mectre une fin et desirez quils se veuillent resduire a
quelque gracieux expediant pour lappaisement de toutes

ces querelles afin que ung chascung en son endroict puisse paisiblement joyr des preheminences de son estat, *etc., etc.* donnant a cognoistre que, sil avoit juste cause de sy plaindre de moy et des aultres vos conseillers et officiers, vous en feriez telle pugnicion que ce seroit exemple aux aultres et aussy si vous trouviez le contraire ne seriez deliberée de souffrir que a moy ni aultres vos officiers fust faict aulcung tort : ains vous vouldriez jouster (?) et assister en notre bon droict : et ce faisant madame et tant et quant entretenant votre court de parlement pourriez par bon moyen obvier aux dangiers apparants, remedier et pourveoir aux maulz passés : et comprimer les voulontés mieulx que par le moyen que lhon y va... *etc.*

La derniere voulonté en forme de testament

Madame, puys que suys si pressé des causes de ma maladie et que vous ay assez au long declairé touts mes pechés desquels lhon me vouldroit charger envers vous et faict ma confession generale avec toutes les circumstances necessaires en vous rendant compte et reliqua de toute ladministracion que jay eu de vous et vous baillant mes descharges des mauls qui sont advenus et qui sont apparants de advenir : ensemble les remedes et satisfactions tels que la bourse *(bousse ? bosse)* de mon entendement peult porter me semble que pour le present ne reste que de pourvoir a ma derniere voulonté par la quelle madame avant que disposer des biens temporels fault eslever le cueur a considerer plus profondement les causes par lesquels les mauls que jay me pourroient estre advenus afin de scavoir mieulx disposer du surplus, et pour ce madame en faisant mon discours de ce que vous pourroit avoir mehu *(mue)* a me traicter en telle sorte je my treuve si perplexe et en telle extremité que mon entendement ne peult bien comprehendre qu'il y hait aulcune cause inferieure qui vous deust mouvoir a me fere tel traictement.

Car *premierment* quand je pense si vous me teniez tels termes pour me cuyder geyner et induisre a me desporter de la revision de mon procès et venir a appoinctement duquel avés monstré avoir si grand desir, il me semble madame que ceste cause ne vous debvroit pas mouvoir a ce, actendu que ce vous seroit charge de conscience : et si pour crainte de vous desplaire je soufroye honte et dommaige, vous seriez celon Dieu et conscience tenue de le recompenser, et ne cognoys confesseur quelconque que sans satisfaction vous en sceust licitement absouldre, et cela trouverez estre veritable par touts bons theologiens, jouinct Madame que pour les raisons que desia vous ay declarées ce ne vous seroit que perdicion de temps de me cuyder resduire a ce poinct que prealablement la sentence de mat... (Malines) ne soit revoquée ou mise a neant, et plus tost souffriray que me ostez la vie et tout le demeurant de mes biens que de laisser ainsy blesser mon honneur et en ce propos ay tout jour perseveré et ne changeray doppinion tant que je vivray.

Secondement, jay pensé si vous me teniés tels termes pour me donner occasion de me tirer du tout de Bourgongne et de me fere quitter mon estat : et ma semblé que non, actendu que je my suys offert de moy mesme et cest la chose que je desire le plus et ay esté content resigner mon estat soubs votre bon plaisir. et si n'aviés aggreable le moyen de ma resignacion ainsy qu'il estoit pour parler eussiés peu adviser aultre moyen plus convenable en me pourvoyant daultre honneste recompense la quelle neusse refusé pour votre bien et pour vous fere service.

Tiercement, madame iay pensé si vous le feisiez pour vous fere entierement quitter de moy et me donner occasion dabandonner du tout votre service : et ma aussy semblé que non, actendu que si mon service ne vous estoit aggreable ou que je ne fusse a ce propice, nestoit mestier que de me dire le moindre mot du monde : et je me fusse retiré tres voulontiers : et ne vous seroit point d'honneur de moy avoir mal traicté et me destruyre pour men envoyer pouvre et malheureux, et mesme que quant ne vous vouldriés servir de moy auriés moyen plus honneste de moy addresser a lempereur votre pere le quel espere que a votre bonne ayde me recueilleroit tres volontiers et auroit mon service aggreable : et auriés ung serviteur aupres de luy : et de le fere aultrement ce seroit tres maulvais exemple aux aultres.

Quartement, madame jay pensé si vous me teniez tels termes ayant ymaginacion de moy que jeusse tort a fere les poursuytes que jay faictes jusques a oyres *(ores)* et que tinsiez les charges que lhon me baille envers vous estre veritables me reputant si maulvoys serviteur et ma pareillement semblé que non, car je ne vous estime pas si legiere que de vouloir prendre si ferme impression et reputacion dung serviteur qui vous ha si longuement servy sans vous en informer a la verité. Et mesmes quant a ma poursuyte vous ayant tant de foys supplyé que vostre bon plaisir fust vous en informer a mes despens afin que puissiez cognoistre comment vous estiez conseillée, et vous ay offert que si treuvez, par conseil des gens non suspects, que jeusse tort de poursuyvre ceste revision que je men desporteroy et si javoye droict encoures seroye content que mectant la sentence a neant foissiez après tel appoinctement que vous plaisroit : et me semble que quant a ce poinct je ne vous eusse sceu bailler plus ample informacion ou satisfaction. Et quant aux charges que lhon me baille me semble que raisonnablement vous debvriez *(vous)* tenir pour satisfaicte de ce que en mon absence, et moy estant par deca a lassemblée des estats de votre comté de Bourgongne en la presence de ceulx qui cryent le plus, sur moy ha esté faite inquisicion generale : si lhon scavoit riens trouver contre moy : et sil y avoit personne qui se voulsit plaindre; et debvez penser, madame, que lappetit que aulcungs avoient dy mordre sil eust esté treuvé quelque chose a ma charge lhon ne leust pas cachée ne celée et quant encoures me vouldriez fere tenir le sindicat comme les pottestats en Italie je seroye prest de respondre sur tout ce que lhon me vouldroit charger me monstrant entièrement sans reprouche.

Quintement, madame, non trouvant aulcune cause inférieure que vous puisse avoir mehue *(mue)* a me fere tel traictement ay esleu mon cueur a contempler et premediter les causes superieures : et mest venu en lentendement ce que dict Salomon en ses proverbes que le coeur dung roy ou dung prince est en la main de Dieu et que Dieu le regist et gouverne et souvent Dieu reduict les princes a mal pour pugnir les pechés des subjects, et pour ce madame en retournant mon coeur a Dieu pensant et ruminant ma conscience le mieulx qui m'a esté possible pour cognoistre si pour la pugnicion de mes pechés Dieu vous auroit inspirée a me tenir tels termes et me fere soufrir les maulx que je soufre journellement : ma semblé ceste pugnicion ne me debvoir estre venue pour aultre chose : si non pour non avoir satisfaict a Dieu dung veu et promesse que javoye pieça faict : car madame je croy avez assez bonne souvenance dung veu de *Jherusalem* que je debvoye accomplir pour la grace que Dieu m'avoit donné au commencement des brouillis qui se dresserent il y ha troys ans a l'assemblée des estats a Salins me preservant des dangiers lors apparents de la vie et de l'honneur. Et pour ce quil ne vous pleust lors me donner congé pour accomplir mon veu et fere ledit voyage de Jherusalem ainsy que je desiroye et que lors je fu content de preferer votre service au service de Dieu je fus constraint par votre moyen et a layde de monsieur de Gurce obtenir ung brief du pape pour me dispenser dudit voyage et le changer en aultre chose equivalente a la discrecion du confesseur et de moy. Or madame est advenu quil y a deux ans passés que pour me dispenser du dit voyage de Jherusalem je presentay le brief a mon confesseur, et fu faicte la commutacion du dit veu en telle sorte que, le plustost que je pourroye, visiterey ung monastere des cordeliers de l'observance estant a Varal (1) ou lhon dist estre touts les misteres du saint sepulcre, tout aussy et en la meme forme que Jherusalem et illeque ou en aultre cloustre de l'observance que je vouldroys choisir je feroye residence en servant a Dieu autant de temps que jeusse mis a fere ledit voyage de Jherusalem en allant sejournant et retournant, et que comprins mes despens je despendray et aultant en euvres pieuses que ce que jeusse despendu audit voyage pour moy et les serviteurs que jentendoye mener : et a ce je fu consentant et promis laccomplir le plustost que me

(1) *Varal,* le célèbre sanctuaire de la Val Sesia.

scroit possible. Vray est madame que despuys jay esté
si fort pressé tant de voz afferes que des miens : et aussy
pour les voyages que je fis ce pendant en Allemagne et
en France qu'il ne ma esté possible accomplir ledit veu
et promesse : et tiens que Dieu m'a voulsu donner ceste
pugnicion et les maulx que jay pour me donner souvenance daccomplir ce a quoy je suys tenu. a cause de quoy
en disposant prealablement pour lame comme il appartient, et veuillant rendre a Dieu le debvoir auquel je
suys tenu, ay disposé soubs votre bon plaisir fere ledit
voyage et accomplir la commutacion de mon dit veu, et
tant pour reparacion de la faulte déja commise que pour
avoir de sa divine maiesté ayde et secours aux aultres
afferes et troubles qui me sont survenus despuys, et afin
quil inspire vous madame de me bailler tel remede pour
mes maladies qui soit salutaire pour lame et pour le
corps : ay faict ung nouveau veu en l'honneur de la
passion de notre saulveur et redempteur Jhesus Christ
que despuys que vous auray presenté ce present escript
et requis le congé pour fere mon dit voyage jamays ne
mangeray chair poisson ni chose que ait eu vie sensitive
jusques a ce que par vous me s'accorde ledit congé et
que me mectray en chemin pour accomplir mondit veu ;
et pour ce madame que ce me seroit bien grosse penitence de fere telle quaresme longuement et aussy que
cest ung poinct que jay trop a cueur et qu'il me semble
que Dieu ne me feroit bien jusques à ce que je luy aye
rendu mon debvoir, et doubte quant plus j'actendroye
plus grands empeschements pourroient survenir et plus
grande apparence daultres inconvenients : je suys constrainct vous supplier tres humblement que votre bon
plaisir soit me vouloir accorder votre bon congié pour

aller complir mondit veu : et cependant s'il vous plaist tenir en surceance ma revision et proposicion derreur ensemble les preuves des suspicions sans prejudice du dellay, ma partye adverse ny pourra avoir aulcung prejudice ni interest, puysque ce non obstant la sentence se pourra exequuter ; et que la revision ne depend que de moy : et est a mon choix de la poursuyvre ou de la laisser : esperant madame que requerant Dieu exaudirez ma priere et porra illuminer votre cœur et ceulx qui vous conseillent a mieulx cognoistre les afferes et ouvrir le chemin de justice comme il appartient en tel cas.

Madame puysque par ceste derniere voulonté ay disposé de ce qui concerne mon ame il me fault successivement disposer du corps et des biens et pour ce madame que ma personne et mon service ont esté entierement dediés a vous et jamays nay eu aultre maistre ou maistresse : cest bien raison que par ma derniere voulonté je vous en face heritiere en vous deslaissant tout le fruict de mon dit service tant que vous plaisra den joyr : et en cas madame que trouveriez ceste hoirye vous estre dommageable et que ne la voulsissiez accepter, je laisse la substitucion et dedicacion de mon dict service a votre choix la ou vous plaisra et vous sera plus aggreable sur quoy pourrez deliberer durant mon absence. Mays madame si vous acceptez la hoirye... je vous supplie vouloir appaiser mes querelles et clameurs *(mes dettes)* comme bons heritiers sont tenus fere et garder et deffendre mon honneur et si quelcun vouloit accuser ma fame et renommée et me charger aulcunement, alleguer mes descharges et deffences celon quelles sont cy devant escriptes : et aussy que votre bon playsir soit considerer la nature et qualités de lhoirye : ayant regard que tout ainsy que les chivaulz gentils ditalye et despaigne sont de couer (*cœur*) et qu'ils font plus a les manyer doulcement que a les piquer ruddement, et quant ils sont fort piqués ils se despitent et jamays ne serviront bien leur maistre ains plustost meurrent de despit : de semblable nature sont les gentilshommes desdits pays qui ont cueur au ventre, et de ma part madame je tiens de la rasse car quant lhon me pique sans cause et oultre mesure jen suys si despiteux que jen perds quasi le sens et lentendement : et tant que mon despit dure ne scauroye avoir esprit ou couraige de fere service qui vaille. Et pour ce madame si desirez que je vous face service je vous supplie ne vouloir prendre diffidence de moy : ne me tenir ces rigueurs quils ne seroient que pour me perdre et rebouter du tout. j'aymeroys mieulx cent foys quil vous pleust me donner congé que de me tenir tels termes. et si vous trouvez madame mon hoirye et la dedicacion de mon service vous estre dommageable : et que mon dit service ne vous fust agreable et quil fallust venir au degre de substitucion en dediant mon dit service autre part, en ce cas madame je vous supplie men dire clerement votre bon plaisir sans me tenir tels termes qui seroient pour me faire mourir de despit et de deuil : et en me baillant votre bon congé quant vous plaisra quil vous plaise en user de sorte que je ne men aille pas de votre service du tout destruit pouvre et malheureux, ayant souvenance de ce que pour votre service jay abandonné mon pays, mes parens et amys, mes biens, aquis la male grace et indignacion de mon prince, non seulement contre moy mays contre touts mes parens et amys et deslaissé ma practique *(profession)* questoit honorable et prouffitable, estre privé des offices que javoye au pays avec espoir de plus grands biens et aussy ayant souvenance des dangiers de ma vie esquelz ay

esté pour votre dit service et du sang que pour ce en ay
espandu et de ce que jay tout jour esté ferme a vostre
service et de votre maison sans jamays varier nonobstant les practiques de France qui tachoient de attirer
a eulx par la bouche de monseigneur de la Trimouille
et aultres deulx bons personnaiges du temps de notre
neutralité a S{^t}-Jean de Losnes jusques a me bailler
parolles de la chancelerye, que sont choses que ne meri-
tent pas que pour vous je demeure destruict et aye perdu
ma labeur et sueur ; et pour ce ou dit cas que mon service ne vous plaise du moings votre plaisir soit me
permectre de fere mon prouffit des estats que jay de
vous ou pour iceulz me fere quelque honneste recompense (1) me souffrant neantmoins joyr de la clergie du
bailliage dAval laquelle par pact et convencion veus ha
pleu me donner a ma vie afin que la ou vous plaisra
menvoyer soit avec lempereur ou aultre part je me
puisse tout jour nommer votre serviteur et estre tant
plus enclin a vous fere service de mon pouvoir et ce
faisant madame ce vous sera honneur extrême et reputacion et sera exemple a toutz aultres serviteurs de vous
bien servir : et quand ferez le contraire ce que ne pourroye penser ne croyre je diroye comme disoit le bon Job
*Dominus dedit Dominus abstulit : sicut Domino placuit
ita factum est :* et prendroye la pacience telle que vous
plaisroit : car il ne seroit a moy de resister a votre voulonté : mays ma destruction et perte ne vous redunde-
roit a grand gloire, combien que en toutz advenements
je penseroye bien de trouver moyen pour vivre honnestement et sans reprouche. Vous suppliant madame

(1) On verra dans le *mémoire* à Charles-Quint que la
duchesse Marguerite s'arrêta à ce dernier parti.

prendre ceste longue escripture pour le dernier ennuy que je pense vous bailler touchant mes afferes jusques a ce que jaye accomply mon veu et que je cognoisse le bon temps estre venu ; et que votre bon plaisir soit la vouloir lisre a votre ayse et taicher de la bien entendre afin que cy après puissiez cognoistre si vous auroyt dict verité ou non.

Et prie a Dieu madame vous vouloir bien inspirer a bien cognoistre toutes choses et les conduire a la raison, et vous donner lentier accomplissement de vos tres haults et vertueulx desirs.

Votre tres humble et tres obeissant subiect et serviteur

MERCURIN DE GATTINARA.

II.

Première représentation de Mercurin de Gattinara à l'empereur Charles-Quint (1).

Sire au temps que j'avoye proposé estre quitte de la court et me retirer du tout en ma maison : pour illeques perachever en repos le surplus de mes jours et me acquiter envers Dieu le mieulx que m'eust esté possible, il pleust a votre Majesté sans requeste ou poursuyte myenne me appeller à votre service : et me donner cet estat de votre grand chancelier le quel est le plus grand et plus honorable estat que lhon scauroit donner à homme quelconque de ma profession et combien que je cognoissois assés que ceste grande dignité procedant seulment de votre tres habundante munificence et benig-

(1) Archives d'Etat à Turin.

nité envers moy sans nuls mes merites, soubs couleur de grand honneur, me seroit ung lyen de captivité ung bannissement de liberté, ung aiguillon sans repos, ung travail sans cesse et unne charge insupportable. Neanmoins troys choses me donnèrent hardiesse de me mectre en ce grand laberinthe sans craindre poynt travail ou dangier quelcunque. La première pource qu'il me sembloit que en prennant ceste charge je pourrois aultant ou plus servir a Dieu et au bien publique de la chretienté que de demeurer oyseux en ma maison. La seconde pour ce qu'il me sembloit ne peuvoir mieulx conserver et accroistre mon honneur et reputacion que de servir en tel estat le plus grand prince des chrestiens : et mesmes celluy que javoye toutjour tenu et tiens debvoir estre le monarche du monde : la tierce que celon le grand desir que javoye de me bien aquiter en votre service je pensoye que Dieu me deust pour sa grace donner la industrie force et vertu pour endresser toutz vos afferes et mectre bon ordre en touts offices et estats : de maniere que pour bien servir je puisse aquerir de votre Majesté retribution tielle : pour moy et pour les miens, que ce eust esté unne memoire perdurable a touts mes successeurs. Et si en ceste charge me suys aquité bien ou mal et si je me suys travaillé ou reposé, et si je suys digne de reprehension ou de remuneration, jen laisse le jugement a ceulx qui lont vehu et cogneu beaucoup mieulx que V. M. ne la peu veoir ne cognestre, et croy fermement que V. M. bien informée de toutes nacions dont les afferes sont venus par mes mains trouvera navoir eu faulte en moy digne de reprehension et du moings suys certain ne trouvera en moy macule quelcunque de abhominable corrupcion : ains trouverez que jay bien et loyalement observé le terrible serment que je fis en vos mains en acceptant cet office : sans prendre chose quelconque prohibée excepté deux aquinées et deux mules lesquelles ay accepté en baillant recompense meilleure et non aultrement et le don du roi d'Angleterre qui me fit donner en deux foys a chacun trois angelots (que sont en tout neuf ducas), que nest chose deffendue puysque cestoit don de prince procedant dehors la charge de mon office : et aussy le drap de soye de quatre robes que je prins par votre ordonnance de la seigneurie de Venise : a condicion que V. M. feroit present equivalent a lambassadeur a son partement comme fut faict : de sorte que je le prins comme baillé de V. M. et non pas de la dite Seigneurie. Et pleust a Dieu, sire, qu'il fust aussy licite pour votre auctorité et pour mon honneur que je deusse tenir ma residence et rendre compte de mon administracion comme le moindre corregidor de vos royaulmes : que je vous supplieroys de ainsy le fere, comme je fis a madame votre tante de mon administracion de Bourgougne (1). Bien scay que Votre Majesté eust trouvé personnes plus ydoines et plus habiles a l'exercice de cest estat : touteffoys de loyaulté integrité et bonne voulonté je ne me vouldroye postposer que confesser que nul aultre me puist en ce preceder ne que sceussiez trouver personne que plus loyalement et de meilleur vouloir vous eust servy : car certes je y ay mis tous mes cinq sens de nature sans y rien espargner.

Mays, sire, quant plus je voys avant, je me apperçoy de plus en plus estre frustré des dites troys choses pour lesquelles je fus meu accepter ceste charge, car les afferes sont tiels que ne puys servir a Dieu, ne avoir

(1) Notamment dans le mémoire qui précède.

loysir dy bien penser : et les choses publiques sont tant travailleuses et de si maulvaise digestion que lhon ny scet trouver conseil : et quelque chose que lhon conseille ne treuve chemin de execution : ains semble que lhon laisse tout au benefice de nature, pensant que Dieu face tout jour miracles en vos afferes comme il ha faict jusques icy : quest chose fort dangereuse, car en mectant les choses a non chaloir Dieu se pouroit meritement courrocer : et se pourroient divertir les bonnes inclinations et influences que Dieu vous auroit données, au contraire de Alexandre qui evita les maulvaises inclinations pour ensuyr le conseil d'Aristotele son precepteur : en monstrant que *sapiens dominabitur astris*. Et quant a l'honneur et reputacion me semble que je voys tout jour declinant : et au lieu de aller en avant me semble que je recule : et pour estre le plus grand chancelier et avec plus grande charge qui fut jamays je me treuve en moindre auctorité non seulement de celle que ont les chanceliers de France et Angleterre, mays assez moindre que celle que souloient avoir vos chanceliers de Bourgougne comme pourrez veoir par ung extraict que me bailla le feu audiencier Hamecton et daultant plus semble lauctorité de cest office diminuée véant que V. M. que la debvroit sustenter et exhaulcer nen tient compte, ains la deprime, baillant plus tost audience a aultres de moindre estouffe, et traictant par leurs mains ce que appartiendroit a mon office et souffrant choses en vostre presence que vos predecesseurs neussent souffert en faisant correction de ceulx qui debvroient être corrigés : et me faisant souvent appeller et une heure ou deux demeurer sans rien faire en actendant ceulx qui me debvroient actendre ; et bien souvent demeurant a deviser avec les infimes gens au temps que

V. M. pourroit sans nul travail despecher plusieurs choses que importent : sans tenir si longuement les gens en suspens et bien souvent monstrant diffidences la ou ny ha cause quelcunque. et quelque chose que des le commencement que je vins a votre service jaye labouré pour dresser quelque bon ordre en votre maison : en vous baillant sur ce plusieurs memoires tant en Barcelonne, a la Couronne *(à la Corogne ?)* et a Bruxelles que a Wormes : ne fut jamays possible de vous reduisre a y entendre, ains cognessant que je navoye *audivit* pour non laisser les choses en confusion baillay toutes mes memoires a votre confesseur, combien que ce fut une des preheminences de mon office ; et pareillement luy baillay le rolle le quel du temps passé ne se souloit fere sans le chancelier : et entend que cela et tout le demeurant questoit es mains du dit confesseur lavez faict mectre en aultres mains pour y besoigner a mon desceu : et par conclusion semble que je ne suys que une enseigne a la taverne : que nest pas la retribucion que jactenldoye du travail et peinne que jay prins et prends journellement comme chascun peult veoir et cognestre : que certes plusieurs se esbhaïssent de ce traictement : et mesmes ceulx que scavent que vous ayant supplié pour mon beaufilz de la capitanie de marc Cordan, et en ayant luy promesse *expectative* avec pension cependant de VI cents E. *(600 écus)* et estant mort au service de votre maison, ses pere et oncle avec feu monseigneur le duc Charles (1), chacun ayant charge de cent hommes darmes, questoient deux cens pour les deux freres : pour lesquels sont encoures dehuz plusieurs deniers que je

(1) Le duc de Savoie, Charles Ier, mort à Pignerol le 13 mars 1490.

naye pu obtenir si petite grâce estant luy homme pour le servir et que vouloit aller en personne : certes sire ce mest ung creve cœur et daultant plus quil me semble que ne prenez goust en chose que je face : ains en estes desgousté du tout : comme par les causes peult apparoir. Et ne puys entendre dont cela procede si ce nest lunne des deux choses : ou que V. M. me tient et repute inhabile et insouffisant en si grande charge : ou que quelcumque vous ait faict quelque sinistre rapport de moy. Quant au premier si V. M. me tient inhabile et insouffisant : ne seroit mestier me tenir tels termes, car plus honnestement et sans mectre vostre mesme auctorité et vos afferes en dangier : si votre plaisir eust esté me declarer quil conviendroit a votre service que quelque aultre plus expert eust chargé de cest estat : combien que le tiltre contre ma voulonté ne se me peurroit lever sans me ouster la vie : neantmoins ainsy liberalement que V. M. mavoit donné l'office sans le demander : ainsy liberalement eusse je consenty et consentiroie de present de laisser ladministracion a tel que vous plaisroit de tout l'estat : me demeurant seulement le tiltre pour mon honneur afin quil ne semblast que je fusse privé par faulte et avec ce me retireroye voulontiers en ma maison ou pourroye neantmoins vous fere encoures quelque service non obstant toute la inhabilité que lhon pourroit pretendre comme pourriez cognoistre par les euvres et cependant V. M. pourrait experimenter quel fruict feroit celluy a cui bailleriez ladministracion en mon absence : et quand Votre Majesté viendroit en Italie pour sa couronacion (1) : si Dieu me preserve jusques lors luy feroye cognoistre si jay bien servy.

(1) Le document est donc antérieur au couronnement de Charles-Quint à Rome en février 1530.

Quant au second si quelcung avoit faict quelque sinistre rapport de moy, certes Sire vous me ferier grave tort de me tenir telz termes sans le me declarer et le veriffier. Car de le commencement que je vins à votre service pour ce que cestoit la chose que je craignoye le plus que les rapports, par lesquels avoye deja esté une foys maltraicté : je vous suppliay que si aulcung vous faisoit quelque sinistre rapport de moy que V. M. me voulsist fere cet honneur que de le me declarer et le *(me)* advertir, ce que V. M. me promist fere, et en ce cas vous supplie que ainsy le face *(fassiez)* afin que l'envye venimeuse dont parle Saint Hierosme que nuyst en absence et offense de bien loing ne me puisse infectioner : car aultrement Sire en demeurant en tel estat je ne vous scaurois bien servir et perdroye le cueur : de sorte que je demeurerois comme ung homme estenué sans scavoir que fere, par quoy vous supplie tres humblement me declarer si avés quelque chose sur le cueur afin que je saiche mieulx que respondre et comme me doys conduisre.

Et pour ce, sire, que celon les parolles que jay aulcunes foys ouy dire en ma presence, aulcungs soubz espèce de louher *(louer)* : encoures que ce fust a aultre intencion, pourroient avoir informer vostre M. que lestat que jentretiens a votre service soit beaucoup plus grand que ne veullent les gaiges et pensions que jay de V. M. et que je tiens si bonne table comme homme de la court : et que oultre ce jay acquis beaucoup et suys tant riche que merveille, dont se pourroit avoir engendré aulcune suspicion : que je neusse les mains si nettes, ou sans trouver tresor, qu'il seroit impossible de soustenir tels frais et acquerir ce que jay acquis : me semble que je ne satisferoye à moy mesme : si je ne donoye si bon compte de ma vie : que toutes sinistres presumptions fussent extainctes : et que vous sceussiez entierement ce que jay receu ce que je puys avoir despendu : et sil y a du comptant ou non, et vous jure Sire par le serment que jay en vos mains que je ne vous mentiray de riens : et s'il vous plet vous feray le tout veoir par escriptures auctentiques et livres de despense.

Pour donques bien rendre compte particulierement, fault que V. M. saiche que combien Dieu mait creé gentilhomme de bonne et ancienne rasse et de lune des principales maisons de Verceil, et que mon pere en son vivant estoit lung des personaiges de votre maison plus extimé : neantmoins les biens nestoient si grands que je me voulsisse vanter davoir prins mon fondement sur son patrimoine : ains estant lesdits biens divisés en cinq partyes, ainsy questions cinq freres (1), taichay incontinant après le trespas de mondit pere : de reduire lesdits biens en ung tronc, ainsy qu'ils estoient en son vivant, en payant de mes deniers a troys de mes freres leurs porcions, et laissant le tout au second frere qui est pere de votre paige (2) pour soustenir la maison, sans ce que despuys ledit trespas de mon pere jamays aye eu de ung seul denier de mesdits biens patrimoniauls, ains y ay adjousté les biens de feu ma femme en baillant diceuls autre recompense à ma fille, de maniere que de tout mon patrimoine je nen mectroye riens en ce

(1) *Laurent,* qui fut abbé de Rivalta ; *Gabriel,* abbé de Saint-André de Mantoue ; *César,* chef de la branche des marquis de Sartinara, et *Charles,* tige de la branche des marquis de Gattinara.

(2) Probablement *Georges,* fils de Charles et qui fut échanson de l'empereur.

compte puys que je nen ay riens receu ne riens despendu
diceuls estant en votre service, mays y mectray seulement ce que je nay employé tant de ce que je avoye en
estre quant je vins à votre service : que de ce que jay
eu de vous et d'ailleurs tant de mercedes (*récompenses*)
que de mes gaiges et pensions. et premierement doit
V. M. scavoir que quant je vins a votre service j'avoye
encoures en deniers comptans deux mil ducas qui mestoient propres : quant je partis de Madame pour me retirer en ma maison tant de ce quelle me fit lors payer de
mes gaiges que de ce que javoye paravant avancé de
mon industrie et de ma labeur. Aussy avoye lors en estre
les deniers du consing (*sic*) de la seigneurie de Chivigny dont je fus condampné a tort et sans cause : et dont
la revision pend encoures : revenans à la somme de vi
m. francs lesquels receus à Lyon quant je venoye à votre
dit service.

Pareillement madame votre tante pour le tort quelle
m'avoit faict de me priver sans cause de mon office de
president me bailla vi milles francs sur le service de
Bourgougne que lors estoit ouctroyé par ceuls du conté
lesquels jay receu despuys que je suys en votre service
et despendu avec les aultres.

En oultre madite dame me confirma une clergie du
baillaige dAval que paravant pour mes services elle
mavoit auctroyé a vie et lay tant puis tenue et tiens encoures : et est a present admodiée a mille et iii c francs
(1,300), et ha valu les quatre ans que je suys en
votre service lung an pourtant laultre 2 ^{m} frans (2,000
fr.) dont jay receu pour lesdits quatre ans 4 mil ducats
despendus avec les aultres. Avec ce mestoient dehus
pour le reste des voyaiges et ambassades que javoye

faict en votre service tant en Espaigne que en Allemagne et France durant votre minorité, desquels fut payé seulement despuys que meussés baillé cet estat : a scavoir en Sarragouce viii cents ducats par les mains de Halequin au nom de monseigneur de Hocstrate sur une descharge que javoye par les finances de pardela et en Barcelonne 2 mil ducas par les mains du tresourier d'Aragon que me fistes bailler en rendant es mains de monsieur de Chievres comme chief des Finances deux aultres descharges que je avoye de mondit dehu (dû). Oultre ce sont a compter avec les dessusdits comme deniers non procedans de V. M. les six angelots que jay eu en don dudit roy d'Angleterre comme ha esté dict devant, lesquels ont aussy bien esté despendus en votre service comme les aultres que sont en somme $xv^m vii^c$ (15,700). Ce que jay eu de V. M. sur mes gaiges pensions et plet (plaids) de quatre ans et demy desquels lhon me doit un an entier, sans le taux du voyaige de Calaix, peult monter ce quest reccu jusques a oyres pour troys ans et demy a raison de 4 mil ducats par an xiiii^m ducas (14,000) et men sont dehuz environ vi^m.

De mercedes : ay receu sur lexpectative de l'office de grand chancellier de Naples pour transporter mon droit au mesme fils de celluy qui tient l'office la somme de x^m ducas lesquels fut delivrer à Rome au sieur Constantin, pour l'acquisicion que diray cy après et parevant les vous avoye voulsu prester.

Aussy ay receu pour la vendicion de Besace (?) que V. M. m'avoit baillié en tant moings de mon expectative des fiefs vaccants la somme de vi^m ducas : lesquels aussy vous offry prester.

Sur le tresourier dAragon V. M. me donna pour

ayuda de costa et pour le travail que je prins aux courtès d'Aragon et Catalonne v^m ducats que sont mil v cent ducats (1,500).

Sur l'appoinctement de la croysada faict en Barcelonne V. M. distribua certaine somme de deniers entre le pape quest a present (1), monseigneur de Chievres et aultres entre lesquels vous pleust me donner pour ma part la somme de deux mil ducats : desquels receus n (?) cens a la Couronne et le surplus ay receu despuys le retour icy. Du seau (2) de Naples lequel me donastes l'an XXI (1521) au moys de septembre en Bruxelles ay receu jusques a oyres en tout le temps que je lay environ iii^m ducats : et de celluy de Castille nen ay jamays riens receu car je le donay du commencement a mon beau fils et nest pas grande chose.

Du seau de lempire et des preces je nay prins ce que monseigneur de Mayance (3) men ha voulsu donner que fusrent xve florins d'or, et despuys nen ay pas receu aultant et pourra le tout monter environ deux mil ducats.

Sur la composicion de Luques V. M. me donna la moytié de ii^m viii cens ducats qui sont pour ma part mil quatre cens et ainsy les gaiges et mercedes que j'ay eu de V. M. montent à xliii^m ix^c ducats *(43,900 ducats)* sans ce que j'ay dessus compté de mes deniers procedans de ailleurs, que le tout ensemble peult monter a lviii^m vi^c ducats *(58,600 ducats)*.

La despence que sur ce je puys avoir faicte pour ma maison et mon trahin *(train)* tant en ordinaire que ex-

(1) Clément VII ; novembre 1523-septembre 1534.
(2) Sceau, des droits de sceau.
(3) Albert de Brandebourg (1514-1545), grand maître de l'ordre teutonique, puis premier duc de Prusse.

traordinaire peult monter lung en pourtant laultre a raison de viii^m ducas par an, reservé que despuys le retour par deça la despense ha esté telle quelle est creue dung tiers : et ainsy pour les quatre ans et ce quest despuys pour la demy année derniere je me treuve avoir despendu plus de quarante mil ducas sans iv mil que jay despendu en vaisselle : et 2 mil a entretenir mon frere a Rome, 2 mil a fere reedifier et fournir ma maison de Gattinaire et aultres 2 mil que jay desja fourny partye pour le mariaige de ma petite niepce (1) et aultre partie pour unne mienne [sœur] religieuse : en complissement d'aulcungs veux le tout revenant a xlviii^m ducats. Oultre ce ay aquis du sieur Constantin certaines terres quil avoit en Montferat : de mil ducas de rente a raison du denier xx : quest le prix de xx^m ducas dont en ay seulement payé x^m et pour les autres x^m suys obligé les payer dans ung an et cependant en paye rente à la mesme raison de cinq pour cent comme se pourra veoir par linstrument de lacquisicion.

Et par ainsy, Sire, au lieu destre tenu et reputé bien riche : et davoir bien de quoy pour fere bonne chiere aux gens et entretenir le gros trahin que jay je me treuve si denué dargent que je nen ay pas pour vivre ung moys : et de ce que jay acquis, Sire, nest pas grand chose a lequipolent des acquisicions que souloient fere les chanceliers de Bourgougne : je treuve que jen doye plus que cela que lhon me doit, et ce que j'ay payé nest pas tant que ce que javoye en estre du mien avant que je vinse a vostre service : de sorte que quelques

(1) *Marguerite*, fille d'Elise de Lignana, de Septimo, fille, celle-ci, de Mercurin de Gattinara, et qui avait épousé Jean-François Pallavicino, seigneur de Stupinis en Piémont.

biens et mercedes que vous mavez baillé je trouve avoir tout despendu en vostre service et du mien davaintaige sans y rien espargner : et ne pense V. M. que je le dise pour vous demander a present aultres mercedes ni remuneracions de mes services : car certes je ne le vouldroye fere ne vous importuner pour moy ni pour les miens en telle necessité ains : la plus grande et plus habundante retribucion et recompense que je pourroye desirer : seroit si je cognoissoye mes services vous estre bien agreables et quil vous pleust, non seulement vous servir de ma personne, mays aussy vous servir en vos necessités de ce peu de bien que jay et en disposer a votre bon plaisir. Peult estre que V. M. pensera que je ne veuille tenir compte de ce que V. M. ha faict pour moy : envers le duc de Milan en me faisant donner Valence et Sartirane (1), que sont deux bonnes pieces (*places*) et valent bien près de v^m ducas par an : que seroit en ce user de tres grande ingratitude que nest de ma coustume ne de mon intencion. Mays je nay voulsu mectre cette mercede en compte des aultres pour aultant que je ne la tiens pour perfaicte jusques à ce que jen aye privilege confirmé par V. M. avec lentiere joyssance. Aussy je ne tiens la chose tant sehure quil en faille fere grand fondement jusques a tant que je voye tout lestat de ytalie bien ferme en vostre obeissance : et que lhon nait plus crainte ni des Francoys ni des Suisses ni des Veniciens : car aultrement estant la chose en doubte ce me pourroit estre plus tost perte que prouffit, et pourroit estre cause de me fere perdre les aultres biens.

Et si lhon me vouloit accuser de maulvais meisnaiger :

(1) Dans les provinces d'Alexandrie et de Pavie.

de non scavoir regler mon cas celon le revenu que jay, je pourroye bien estre excusé a tant pour ce que les afferes de V. M. ne me donnent lieu de penser aux miens que aussy pour ce que nen ayant heure certaine pour donner audience aux ambassadeurs, grands maitres et aultres sinon a l'heure du disner a laquelle ceulx qui veuillent besoigner viegnent ordinairement mangier avec moy puys quils scavent que je ne mangie que une fois le jour, il me semble convenable tant pour l'honneur de V. M. que pour le mien et a fin que lhon ne cuyde que je veuille estre riche des biens que Dieu me donne : que je face entretenir mon plat si honestement que les dits ambassadeurs et grands qui journellement viegnent a ma table y soient bien receus puysque je nay la opportunité de fere aultres banquets extraordinaires et quil me fault semondre ung chacun, quelque grand quil soit, ainsy prontement et ne me semble pas si excessive despense pour entretenir tel trahin que je despende viii^m ducas par an et quelque chose plus, comprins les extraordinaires. Combien que pour estre reputé meilleur meisnagier jaymeroye assez mieulx avoir lentretenement tel que ont les chanceliers de France et de Angleterre quest le quadruple de ce que jay. Mays pour recompense je puys bien dire que jay plus du quadruple du travail de ce quils ont.

Je ne scay Sire, si ceux qui blasment la nacion de Italie et qui nont accoustumé bien veoir les estrangiers vous pourroient avoir mis en teste que ne vous deussiez tant fier de moy pour estre italien : en me veuillant aussy blasmer que pour estre tant affectionné des choses dytalie, je neusse l'intencion si entiere a vous bien conseiller. Mays certes Sire pour estre italien je ne pense pas moings valoir ains beaucoup mieulx : et ne suys pas si appassionné des choses de Italie que je voulsisse pourtant vous conseiller chose dont puissiez tomber en quelque dangier, ains y obvier de mon pouvoir : et ce que je vous conseille de soustenir les choses d'ytalie nest que pour votre bien et pour votre resputacion et conservacion de voz royaulmes de Naples et Secile, et peult estre que si V. M. eust creu a mon conseil en plusieurs choses ne vous trouveriez en la perplexité presente et mesmes touchant les finances car tel reffust (1) qui après muse et combien que les cueurs des rois sont en la main de Dieu : neantmoins comme dit Saluste : en mectant les choses a non chaloir ne fault implorer layde de Dieu, mays en veillant, besoignant et bien conseillant les choses procedent prosperement.

Pour donques fere conclusion en mon affere je vous supplie Sire très humblement que votre bon plaisir soit me fere entendre si mon service vous est agreable ou non. Et sil vous est aggreable que vous en faictes telle demonstracion par les actes exterieurs que touts les aultres le puissent cognoistre, en me donnant journelement les audiences aggreables : pour pouvoir comuniquer traicter et conclure les choses de ma charge : ainsy que les predecesseurs en cest office ont accoustumé, sans souffrir que aultres occupent les preheminences de mon office. Et que toutes les resolucions des mercedes et graces provisions et distribuctions des offices se facent en ma presence ; et ne soit en pouvoir du secretaire ni dautre de les dire et declarer aux partyes : sans moy et par ma bouche. Et pourveoir que quand je demenderey le conseil en mon lougis ou en court ou devers le grand chambellan ou en aultre lieu a ce ordonné ainsi que mes

(1) Sans doute : « tel refuse qui après muse ».

predecesseurs ont accoustumé soit pour les Indes ou peticions ou aultres choses particulieres de vos afferes que peuvent journellement survenir, quils soient obligés venir, a peine destre rayés de leurs gaiges si ce nest quil y ait excusation legitime de maladie : ou que V. M. leur eust mandé aultre chose et quils soient tenus declarer a l'huissier qui les appelleroit. Et par le contraire si mon service en cest estat ne vous est aggreable, que votre bon plaisir soit le me declarer : et me dire la cause pourquoy, afin que je men puisse justiffier, non pas pour demeurer en loffice a votre regret, mays seulement pour trouver le moyen que je me puisse retirer a mon honneur sans blesser votre auctorité car certes lauctorité dung chancelier cest la propre auctorité du maistre : et fault que les gens cognoissent que le maistre en tient compte et que lhon ne faict chose importante sans luy. Et quant a moy, sans blesser mon honneur prendroye plus volontiers le repos que le travail.

III.

Deuxième représentation de Mercurin de Gattinara a Charles-Quint (1).

Signore io posso dire come disse il salmista David *zelus domus tuae comedit me,* perchè il zelo et affectione che ho per vostro servizio mi rode et tiene in continuo travaglio et fastidio vedendo et pensando il pericolo de' vostri affari et tanto più trovo il mio cuore pieno di

(1) Bibliothèque du roi d'Italie; *Miscellanea patria,* 140. Cette pièce, ainsi que les deux précédentes, est de la main même du Grand Chancelier.

rincrescimento che nella più parte delle cose importanti che giornalmente vi occorrono si prende cosi lungo tempo a deliberarle che, o le cose si cangiano, o si perdono. di modo che bisogna intraprendere nuove deliberationi, et dopo che alla longa deliberati li affari pare che nella conclusione si cerchi sempre le preghiere (?) non so se per passione d'alcuni o per non intendere li negotii ovvero per non ben pesarli nè considerar ciò che ne pol seguire; quel che più importa è che quando la conclusione delle cose è fatta se ne vede si poca esecutione che per difetto d'eseguire, tutti gli affari vanno in rovina e le bone conclusioni si rendono infruttuose et di niuno effetto, e non posso comprendere da dove questo mancamento proceda se non che V. M. vogli seguir li tratti del fù imperator Massimiliano vostro avo, qual benchè fosse dotato di tutte le virtù et che prese tanta pena quanta fu possibile per sovraintendere alli affari, nulla dimeno per dellongar il risolversi et prendere le cose senza fondamento li fu dato il titolo di malvaggio giardiniere, perchè non sapea raccoglier li frutti del giardino a suoi tempi. Cosi li prese o troppo verdi che valevano niente o troppo maturi che erano putrefatti, di sorta che mai nulla si godeva. E benchè il detto fù imperatore appportava questa scusa che la mancanza delli denari a questo lo conduceva, et che si potrebbe dir il simile a V. M., nientedimeno questa scusa al presente non sarebbe sufficiente perchè la facoltà de danari in che V. M. si trova, il che non vi spiacia potrebbe esser a dispositione vostra ma è che cosi vi piace giacchè credette più tosto a quelli che si hanno tenuto et tengono in necessità, e mettono vostre finanze in total confusione e rovina, e vi fanno vender, rovinar et spender senza frutto, e che non si curano di servirvi senza grande interesse, et ancor con questo non possono accorgersi cosa sii questo mestiere e si lasciano a porto quelli che hanno sempre procurato di mettere vostre finanze in chiaro, voi medesimo lo potete intendere senza esser ingannato et che tutto sia in vostre mani et a vostra conoscenza li quali hanno credito e industria per trovar altro miglior modo per mettervi fuori di necessità et a molto minori spese, e non posso pensar qualcosa vi dovesse movere a rifiutar il primo et secondo parere di Alonzo Gottieres per li quali senza alcun dubbio e senza dimandarsi ne officio ne beneficio per questo, di già havereste ricevuto alla fine del mese passato cinquecento ducati e potreste ricever alla fine del mese presente altri cento ducati et con questo vostra casa et vostre gendarme pagati per tutto lanno e di più consignar vostri debiti sino alla somma di un millione et ottanta ducati, lasciandovi alla fine dell'anno di vostre entrate ordinarie intiero il reddito senza trovar niente et il simile delle Indie et magistrati, di modo che per questo mezzo voi sareste stato messo fuori di tutte le necessità, e sorveniendosi cosa per la quale havesti bisogno di havere maggior somma di danari haveresle allora assai tempo di vendere o d'ingaggiare alcuna giurisdizione senza cominciar in questo modo, o fare tener indietro alcune consignationi de debiti per servirvi di quelle, facendo prolungar li debiti di minor importanza. e per non haver accettato questo partito proceduto da homo di verità e di credito et che sempre ha dato bon conto di sue cariche, e venendo aprirsi novi partiti pensando di farli migliori si è sempre venuto macchinando di sorte che per la malitia di Borghas che sotto colore di offerire ad Alonso Gottieres la resignatione del suo officio dando ad intendere esser lui che la cercava, con altre profusioni di dettratione ingegnandosi cosi di metter discordia tra vostri servitori et dando anche ad intendere che proseguisco questo negotio per prendere tutta l'autorità nelle mie mani, venendo pervertire la bona intentione in mal effetto, ha fatto come il serpente che non potendo tentar Adamo direttamente pigliò la strada di tentarlo per mezzo di Eva, di modo che ottenne il suo intento a vostro grandissimo pregiudicio et confusione de vostri negotii come la prova lo mostra, ha reso delusoria la suspenzione del suo officio che fu fatta per aviso et deliberatione del vostro consiglio chi è la vera ritardatione et confusione de' suoi conti et per trovar modo di non mai finirli. Et core voce nella vostra corte che si dice haver guadagnato questo ponto per voto di competenza che pare cosa disconvenevole al vostro servitio perchè si è riffiutato il partito di detto Alonso Gottieres per dire che sono passate per mie mani et sono stati proposti da me. Questo é servir male il suo padrone non dando altro partito migliore o almeno cosi bono.

In quanto a me sono sempre andato a bon gioco bon conto e quelli che mi amano mi hanno sempre più ripreso di ciò che io mi lascio pregiudicar l'autorità del mio officio che di dire che io vogli troppo prendere. V. M. può ben vedere et cognoscere che io ne lascio assai di quello che miei predecessori ne hanno usato et anco in queste nuove riformationi di vostre finanze mi hanno lasciato in bianco et sbrigato il tutto senza la mia signatura, cosa che per l'avanti non si soleva fare nè nel tempo dei miei predecessori, ed ad ogni modo l'ho passato oltre senza dir parola, et l'ho indugiato e ritardato di più in più di lasciar diminuire mie preeminenze per attender a quel che più importa al vostro servizio senza ambitione alcuna, come ognuno puol veder e cognoscere, e se tutti avessero suo riguardo principale a vostro servizio come io ho, senza guardar alle sue particolari passioni, vostri affari si porterebbero assai meglio a bon conto delli anni seguenti, e se si dicesse a V. M. che non vi è l'usanza di procedere si rigorosamente, si farà vedere che la Regina Donna Isabella ha castigato alcuni ricevidori et tesorieri più severamente per cause minori, dove vi è uno che lo fece abbrucciare et l'altro per una sola parcella di piccola somma messa in conto due volte fù privato dell officio et reso inhabile et con questo lo castigò con le pene del drito, si fa, Signore, affine che V. M. possi trovar più presto rimedio a suoi affari et indirizzarli come bisogna. mi pare Signore che voi debbiate dar tale ordine che possiate voi medesimo sinora intendere alle vostre finanze et esserne il capo, et che tutti li danari vengano una volta in vostra camera chi per una livra chi per un altra, et scrivere le date da un giorno all' altro di mode che a tutte le ore vi piacerà di farle vedere possiate saper quello [che] sarà venuto nella camera et quello che sara sortito, et a questo effetto bisogna che vi cerchiate un bon tesoriere tale che vi piacerà cercare che ebbi bon credito con scienza potenza et volere ben servire et ancora un chiavaro ben esperto che tenghi li registri delle date et ricevute e cosi per questo et per l'ordine che si darà la gente che havete destinata per le vostre finanze non haveranno si grandi affari nè meno si grosse cariche che hanno, et avanti di cercar et prendere questo tesorier dovete saper premiare et farlo praticare in quanto vi potrà servire, et che credito haverà, et per far questo bisognerà prima communicare tutto quello che vi è al libro et consegnar spese e pagate dopo questo novo ordine, et da quest' anno perché senza vedere questo punto nissuno ardirà metter nè entrare con gli occhi bendati, e se V. M. li provede come io spero voi troverete altre industrie et altri modi di far finanze et di trovar danari che mai sono stati pensati et messi per l'adietro sino al presente: vedrete bona et grossa quantità dove già ho qualche pensiero qual vi dichierarò quando sarà tempo. Ma Signore per sostener et corroborar il rimedio de' vostri interessi bisogna sopra il tutto diligentare di convocare le vostre corti dove tutti questi verranno non solamente per il servitio che si potrà avere presentemente o di danari o di gente, ma principalmente per aquistar l'affetto de' vostri sudditi, per mostrarli che non havete odio contro quelli e che li amate, et per mostrarli che li volete gratificare in cose che ponno concernere il bene del regno, et far per loro mezzo indirizzar altre cose. questo bene et ordine del vostro stato et per tenere in freno li gran mali che le dette corti potriano cercare, senza che pare che venghi da voi nè da quelli di vostra casa, et a questo effetto io ho fatto un piccolo raccolto di quello che uno pol dispenderli sopra tutti li articoli portati in Fiandra per opera di Francesco de los Angelos et ho studiato la forma che mi pare che si dovrà tenere sopra il contenuto delli detti articoli per toccarli nella propositione qualche cosa a suo sentimento dove il servitio possi essere migliore. E se vi pare che io stesso debbi far la propositione appresso alcune bone parole dette di vostra bocca li forzasse di cavarne la sostanza et farla mettere da alcuno in bon castigliano per ben incorporarla apresso et recitarla (1) perchè penso che la prenderebbero meglio che se fosse fatto per un casti-

(1) Charles-Quint savait fort mal la langue espagnole « le bon castillan ».

gliano, ad ogni modo la rimetto al vostro bon piacere qual mi potrebbe dichiarar presto et a tutta fortuna mi pare che V. M. non deve dilongar la radunanza di dette corti nè lasciarsi dar ad intendere che in ciò si possi aver alcun danno, anzi più danno sarebbe il dilongarle più oltre e sarebbe segno di timore et diffidenza, e darli ad intendere che il rammarico vi pesa, che sarebbe cosa dannosa et da temere, il che sopra il tutto si deve fuggire. et intanto potrette, Signore, far preparare et disponere le cose et le genti che saranno a carigo d'altri e che non vi ponno costar argento o ben poco, dimodoche in poco tempo corre la voce che fate armata e grosso apparecchio, et che non lasciatte le cose senza valore come dicono, perchè se così fatte, voi non havrette occasione di sollecitar la pace o tregua, anzi sarete sollecitato dall'altre parti a vostro maggior onore et profitto. et sostenerete con minore spesa il fatto di Milano et Genova che non è da sprezzare nè da lasciare in rischio, stante anco che di là dipende la vera conservatione et il vero sostenimento di Napoli et Sicilia et è il vero freno per tener li Venetiani e tutti li habitanti d'Italia nelle vostre mani et sotto la vostra obedienza intera, et con questo mantener tutto il paese dell'Alemagna e Suissa in timore et a far tutto quello che vorrete ; et con questo fondamento sarete potente voi solo a far guerra al Turco et altri infedeli di tutte le parti, et metterli alla ragione. Ma, Signore, io vi supplico per l'amor di Dio et per tutti li beni che desiderate avere, che nè in consiglio nè fori, nè da burla nè da vero, non ne facciate motto nè in qualsiasi maniera avanti che siatte in Italia ben potente et far quello che vorette senza impedimento alcuno, non lasciattevi sortir di bocca nè mostratte per segno a qualsisia persona di qualsisia qualità che voi abbiate intentione o imaginatione di pigliar il ducato di Milano nelle vostre mani, nè acconsentite di voler mettere il castello in potere di Spagnoli nè fuori del potter del duca, nè metterli difidenza alcuna d'essi, perche tali cose non ponno al presente se non danneggiare senza profitto alcuno, et anco vedendo alcuno parlar di cose ben secrete li... sentano et li staffieri s'imaginano et le cose vengano a notitia di quelli che non le dovrebbero sapere, et che in questo vi ponno nocere et darvi tanto da fare che non saprete ove voltarsi. Ma Signore quando voi sarette al paese et che haverette veduta et cognosciuta la situatione di detti stati di Milano et Genova, et che troverette che sarà vostro avantaggio di prenderli in vostre mani e non lasciarli in poter del duca, se haverete tal mezzo e fondato in ragione et giustizia che senza far nessun torto al duca potiate far de detti stati e di ciò che ne revenirà tutto quello che vi piacerà et disponer di tutte le fortezze e de li habitanti a vostro piacere giustamente et senza aquistar titolo di usurpatore e tiranno, et voi lo dechiararette quando vi piacerà, ma bisogna che questo sia tenuto secreto sino a suo tempo, e non bisogna in questo credere Nen Joan (sic) Manuel (1) perchè non intendendo cosi bene gli affari come crede, se più li fosse stato et che non se li havesse di quà ristretto il freno come si faceva havrebbe tutto rovinato perchè non bisogna dal tutto fidarsi a lui.

Signore se vi piace indirizzare et rimediare a vostri affari come si è detto di sopra, io li metrò voluntieri tutti li miei cinque sentimenti della natura vegliando et travagliando come sono costumato senza sparmiare pena, fatica ne travaglio. Ma se voi volette lasciar le cose in confusione et star in questa miseria et necessità, senza

(1) Le confesseur ?

porgerli rimedio, lasciando le cose al beneficio della natura et aspettando sempre che Dio facia miracoli, certamente Signore io verrei in questo caso che vi piacesse di esimermi et scusarmi che da qui avanti io non m'impedisca *(cioè non m'impicci)* ne intenda in questi affari di finanze nè di guerra nè di quanto ne depende, affine che non sia reputato partecipe della colpa et dei mancamenti che vedo giornalmente conmettersi, etsopra il tutto vi supplico di pigliar il tutto in bona parte, et io travaglierò continuamente come son solito in tutte le altre cose di vostro servitio sin a tanto che Dio mi dia la gratia che io possa vedervi nel vostro trono con vostra corona, et che io possi allora dire *Nunc dimittis servum tuum Domine,* che è la cosa che io più desidero suplicandovi Signore che vi piaccia leggere quanto vè di sopra a parte et ritornarmelo poi con qualche segno come l'havette veduto, che sarà mia discariga con le altre che già tengo.

IV.

Inventaire des objets trouvés dans la maison du grand chancelier Mercurin de Gattinara au moment de sa mort.

Inspruck, 5 juin 1530 (1).

Anno a nativitate domini millesimo quingentesimo tricesimo die vero intitulato quinto mensis iunii in civitate Hyspurgii videlicet in illius su-

(1) Le chancelier-cardinal était mort le 5 mai précédent.

burbio et intus domum ubi hospitatur et defunctus
est reverendissimus in Christo pater et dominus
Mercurinus arboriensis presbiter cardinalis mar-
chio Gattinariae et Romagnani, Valentiae et Sar-
tiranae comes, etc. Caesareaeque et catholicae
Maiestatis domini nostri imperatoris et Regis
nunc faeliciter regnantis suppremus cancellarius
et consiliarius existens et personaliter constitutus
multum magnificus dominus Ioannes Bartholo-
meus de Gattinaria iuris utriusque doctor regens-
que cancellariae et consiliarius eiusdem Maiestatis
unus ex manumissoribus sive exccutoribus ultimi
testamenti per dictum Reverendissimum domi-
num cardinalem antequam ad apicem cardinalatus
convolaret in posse mei Joannis de Comalonga
eiusdem Maiestatis locumtenentis prothonotarii
et notarii publici conditi nuncupative et sine
scriptis in civitate Barchinonis die vigesima tertia
mensis iulii proxime lapsi (1529) cum sit quod ipse
manumissor pro exequenda et complenda voluntate
et ordinatione dicti testatoris cupiat et velit bona
mobilia in eadem domo existentia et reperta tem-
pore mortis suae reverendissimae dominationis
hodie paulo ante sequutae sub debito inventario
describi et continuari ob doli maculam evitandam
et ut in futurum appareat id quod penes se dictus
reverendissimus dominus cardinalis eodem tem-
pore habebat, vocato ad hoc et praesente magnifico
Alfonso Valdesio praefatae Caesareae Maiestatis
secretario necnon me dicto locumtenente protho-

notario ac in praesentia testium infrascriptorum de bonis praedictis in eadem domo repertis præsens confeci inventarium prout sequitur.

Et *primo* se hallo en la camarar donde Sa R^{ma} S^a fallescio un scriptorio o arguimesa cubierta de cuero negro señalada de señal de A dentro la qual se hallaron las cosas siguientes (1) :

(1) *Nous donnerons, en notes, la traduction de cet inventaire rédigé en maucais espagnol :* — Il s'est trouvé dans la chambre où Sa Révérendissime Seigneurie est morte les choses suivantes : 1° un *secrétaire* couvert de cuir noir et marqué A, où étaient une montre d'argent dans une boite recouverte de cuir noir ; une sonnette d'argent ; dans les tiroirs du secrétaire, des écritures par lesquelles Sa Seigneurie prend des dispositions pour son testament ; — un *secrétaire* semblable marqué B, où sont une cassette d'argent avec deux sceaux d'argent de Sa R. S^{ie} ; un chandelier d'argent ; des ciseaux d'argent ; deux petits étuis d'argent pour lunettes ; un encrier et un sablier d'argent ; — un petit sac de toile contenant 1,045 ducats d'or en doublons d'Espagne, comptés devant nous autres ; — deux anneaux d'or avec diamant ; — un autre avec une turquoise assez grande ; — un autre anneau d'or avec des rubis un peu inégaux ; — un autre avec une pierre gravée ; — un plateau de cristal garni d'argent ; — 80 perles, les unes rondes ou oblongues, les autres *assientos* (plates d'un côté et rondes de l'autre) ; — dans les tiroirs de la cassette il y avait encore des écritures semblables aux précédentes, étiquetées de la main de Sa S^{ie}.

Dans un coffre marqué A : une chape pontificale de camelot cramoisi, ouverte des deux bras ; — un manteau d'écarlate cramoisi, de même ; — un autre semblable ; une soutane de tabis cramoisi, fourrée de martre ; — un sayon

Primo un reloge de plata dentro de una caxuela cubierta de cuero negro ;

Item una campanilla de plata ; — *it.* en los caxones de la dicha arguimesa se hallaron algunas scripturas y libritos los quales con lodemos quædan alli parar hazer dellas le que Sa Rma Sa tiene mandado por su testamento.

Item otro scriptorio o arguimesa de la misma manera señalada de B dentro de la qual se hallaron las cosas siguientes :

Primo una caxuela de plata con dos sellos de plata de Sa Rma Sa ; *item* un candelero de plata ; — *it.* unas tiseras de plata para spavilar ; — *it.* dos caxuelas pequenas de plata para antoios ; — *it.* un tintero y una salavedra de plata ; — *it.* un talegillo de lienco dentro delqual hay mil quaranta y cinco ducados de oro en doblones d'Espana contados ante nos otros ; — *it.* un anillo de oro con hun diamante en tablo triangulado ;

(casaque large et longue, sans boutons) de tabis cramoisi doublé de toile ; — un jubon *(pourpoint)* de ras cramoisi doublé d'écarlate, — un autre de ras doublé de toile ; — une paire de chausses *entières* d'écarlate ; — 8 paires avec les chaussettes détachées ; — 6 paires de chaussettes d'écarlate ; — 6 bonnets d'écarlate ; — 4 rochets et de la toile pour d'autres ; — 1 mosette *(camail épiscopal)* de tabis cramoisi ; 8 autres de camelot cramoisi ; 1 autre d'écarlate ; un chapeau pontifical, ses cordons et ses houppes de cérémonie ; — 1 chapeau gris de voyage ; — une valise d'écarlate avec les armes et les houppes d'or et soie ; — 1 masse d'argent ; — une pièce en grosse *(gruessa)* de camelot cramoisi et 8 petites ; — quelques pièces de brocart pour faire deux coussins ; — une soutane de ras violet, doublée de drap gris ; — une bourse de *tiers-poil* cramoisi et deux de ras violet.

— *it.* otro diamante de oro con hun diamante de punta ;
— *it.* un diamante con una turquesa algo grandesilla ;
— *it.* otro anillo con una tabla de rubi quadrado algo designal ; — *it.* otro anillo de oro con una piedra gravada, — *it.* una tabla de cristal guarnecida en plata ;
— *it.* ochenta perlas entro rodondas y prolongadas y assientos ; — *it.* en los caxones de la dicha archimesa se hallaron algunas scripturas assi proprias como otras intituladas de mano de Sa R^{ma} Señoria las quales con lo demas quedan alli paral effecto suso dicho.

Item en hun cofre de la camara senalado A se hallaron las cosas seguientes :

Primo una capa pontifical de xamelote carmesin abierto de ambos bracos ; — *it.* un manto de xameloto carmesin con los armellinos ; — *it.* otro manto de grana de la mesma manera ; — una sotana de tabi carmesin enforrado en martas ; — *it.* hun sayon de tabi carmesin enforrado en tela ; — *it.* un jubon de raso carmesin enforrado de grana ; — *it.* otro jubon de misma manera ;
— *it.* otro jubon enforrado de tela ; — *it.* un par de calcas (*calzas*) de grana enteras ; — *it.* octo par de calcas de grana con sos calcetas despegadas ; — *it.* dos pares de calcetas de grana de aguja ; — *it.* seys bonetos de grana ; — *it.* quatro roquetos y lienco para hazer otros ; — *it.* una muceta de xameloto carmesin ; — *it.* otra muceta de grana ; — *it.* un capello pontifical con sos cordones y borlas solemnes ; — *it.* un capello griso de camino ; — *it.* una balija de grana con las armas y borlas de oro y seda ; — *it.* una maca de plata ;
— *it.* una pieca gruessa y otra pequena de xameloto carmesin ; — *it.* certas piecas de brocado para hazer dos coxinos ; — *it.* una sotana de raso morado enfor-

rado en peña negra ; — *it.* una bolsa de terciopelo (1) carmesin y otra de raso morado.

Item en otro cofre de la camara señalado B se hallaron las cosas seguientes : (2) *primo* una sotana de tabi morado simple con su muceta ; — *it.* un mantel de xameloto morado con su muceta ; — *it.* un mantel de paño morado de camino ; — *it.* una sotana de xameloto morado simple con su muceta ; — *it.* un sayo de tabi morado enforrado de tela ; — *it.* un jubon de raso morado ; — *it.* un par de plantufos de paño morado y otro par de cordouan ; *it.* un pedaço de cordouan morado ; — *it.* una balija de paño morado con las armas y maços de oro y seda ; — *it.* una bolsa de raso carmesin con la cintura de seda ; — *it.* otro ceñiduro de seda blanca torcida con sus macos *(machos)* ; — *it.* una cubierta de

(1) Terso pelo ? étoffe luisante, lisse, *tiers poil ?*

(2) Dans un autre coffre marqué B : une soutane de tabis violet simple avec sa mosette ; — un manteau de camelot violet avec sa mosette ; — un autre manteau de drap violet de voyage ; — 1 soutane de camelot violet simple avec son camail ; — 1 sayon de tabis violet doublé de toile ; 1 pourpoint de ras violet ; une paire de pantoufles de drap violet et une autre de cuir de Cordoue *(de maroquin)* ; 1 morceau de Cordouan violet ; 1 valise de drap violet avec les armes et les glands or et soie ; 1 bourse de ras cramoisi avec la ceinture de soie ; 1 autre ceinture de soie blanche torse avec ses agrafes ; 1 couverture de mule, de drap violet ; de la toile de Hollande fine pour des rochets ; 1 morceau d'étoffe de Calicut *(des Indes orientales)* ; 1 robe de damas doublée de plumes noires ? — 1 couverture d'écarlate pour mules ; — 1 pavillon de taffetas cramoisi avec sa couverture et ses devants du même ; 1 autre pavillon en filet contre les moucherons.

mula de paño morado ; — *it.* lienco de Olanda fina para dos roquetos ; *it.* un pedaco de lienco de Calicut ; — *it.* una ropa de damasco enforrado de pena negra ; — *it.* una cubierta de grana de mula ; — *it.* un pavellon de tafetan carmesin con la cubierta y delante cama de lo mesmo ; — *it.* otro pavellon de red para los mosquitos ;

Item, en otro cofre de blanqueria señalado **D** se hallaron (1) las cosas seguientes : *primo* nueve savanas *(sayanas, sayazos ?)* — *it.* trece camisas ; — touajas para la barba ; — *it.* doze peiynadores labrados de seda ; — *it.* doze cofias de noche ; — *it.* un jubon de fustan de noche ; — quatro almoadas labradas de seda negra ; — *it.* quatro pequenas.

Item en un arca señalado **B** se hallaron las cosas **seguientes** : *primo* una ropa de terciopelo carmesin mo-

(1) Dans un autre coffre de lingerie marqué D : 9 savanas *(jupes)*, 3 chemises, des serviettes pour la barbe, 2 peignoirs bordés de soie ; 12 coiffes de nuit ; un jubon de futaine pour la nuit ; 4 oreillers bordés de soie noire et 4 petits. — Dans un autre coffre marqué B, une robe de laine lisse cramoisie ; 2 autres robes de moire violettes et 1 de ras, décousues ; — 1 autre doublée de ras noir ; 1 autre de laine lisse cramoisie, sans doublure ; 1 collet de ras noir, fourré de martre ; 2 sayons de ras violet ; 1 bonnet à oreilles de ras noir *(un passe-montagne)* ; 1 mappemonde.

Dans un autre coffre marqué F : sept pièces de parement et.... 1 fourniment de literie de camp, de ras cramoisi bordé de toile d'or ; 1 fourniment de chapelle de toile d'or violet ? savoir : deux palliums bordés de toile d'argent, chasuble, étole, manipule, amict, aube, corporal et arbre de Jessé à 18 personnages. Dans un autre coffre marqué G : 8 brasses d'écarlate ; quelques coupons et un assez grand nombre d'étoffes diverses en pièces.

rado enforrada en martas ; — *it.* tres ropas la una de terciopelo carmesin morado y la otra de raso carmesin descosidas ; — *it.* otra ropa de raso carmesin enforrado de raso negro ; — *it.* otra ropa de terciopelo carmesin sin enforro ; — *it.* un colleto de raso negro enforrado en martas ; — *it.* dos sayos de raso carmesin morado ; — *it.* hun papahigo de raso negro ; — *it.* un Mapamundi ;

Item en otra arca señalada F se hallaron : *primo* siete piecas de paramento y arian ; — *it.* hun fornimiento de cama de campo de raso carmesin bordado de tela de oro ; — *it.* hun fornimiento de tela de oro morado, es a saber : dos palios bordados de tela de plata, pianca ? stola, manipulo, amito, camisones, corporal, el arbel de Jesse que son xviii personages.

Item en otra arca señelada G se hallaron las cosas siguientes ; *primo* ocho bracas de grana ; — *it.* dos pedacos de paño morado ; — *it.* ciertas cortaduras de grana y morado y otras de raso morado ; — *it.* una pieca de terciopelo entera ; — *it.* otra de raso entera ; — una pieca de carmesino negro que tira xviii varas (1) ; — otra pieca alta de xxxv varas ; — *it.* otra pieca baxa de liiii varas y media ; — dos coxines de terciopelo carmesin ; — *it.* terciopelo para quatro coxines ; — *it.* un enforro de ropa de raso ; — *it.* otro de sayo ; — *it.* algunos pedacos de peña.

En otra arca blanca señalada X (2) se hallaron :

(1) *Vara*, mesure espagnole de trois pieds de long.
(2) Dans un coffre marqué X : une chaire (fauteuil) couverte d'étoffe lisse cramoisie, 1 autre de même, noire ; une valise de cuir doublée de drap, avec une chaire garnie de tiers poil cramoisi et les fers dorés, dans laquelle on porte Sa Seigneurie : — 3 culottes de laine, 1 coussin long de plu-

primo una silla de assentar cubierta de terciopelo carmesin ; — otra cubierta de terciopelo negro ; — *it.* una balija de cuero enforrada con paño con una silla guarnecida de terciopelo carmesin con los yerros dorados en quo trayan a Su Sᵃ Rᵐᵃ.

It. en un almojren de cuero se hallaron las cosas siegnentes : *primo* tres calzones de lana ; — *it.* un coxin luengo de pluma ; — *it.* cinco coxines de tercio pelo negro lenos de plumas ; — *it.* un tapete ; — *it.* una manta de cama colorada ; — *it.* una cubierta de cama heca de plumas indias ; — *it.* una maleta con la madera de la cama ; — *it.* hun pavellon de grana con su sobrecama y delante camo de lo mesmo ; — *it.* en un maleta de paño grande tres calxones, quatro almoadas de lienco labradas de seda de grana, cinco coxines de terciopelo carmesin lenos de pluma, una manta colorada, un tapete y un paño verde.

Item en el cofre de la capella (1) señellado M se hallames, 5 coussins de *tiers poil* noir pleins de plumes; 1 tapis ; 1 couverture de lit, de couleur, 1 couverture de lit usuelle de plumes d'Inde ; des bois de lit ; 1 pavillon d'écarlate avec la couverture et les devants de même ; — 3 hauts de chausses, 4 oreillers d'étoffe bordée de soie ; 5 coussins carmesin pleins de plumes; une mante de couleur, un tapis et un drap vert.

(1) Dans le coffre de la chapelle marqué M, 2 palliums de ras cramoisi bordés de poil lisse vert avec la piama, amict, aube, étole, manipule ; une bourse renfermant les corporaux, bordée de toile d'argent, 1 petit coussin de ras, la custode et la pierre sacrée, 2 missels, 2 grandes serviettes et 2 petites, 1 grand calice d'argent et 1 petit avec leurs custodes, des chandeliers d'argent avec leurs custodes, 1 vase à eau bénite et le goupillon, des burettes grandes et des petites, 1 tapis, 1 candélabre.

ron : *primo* dos pallios de raso carmesin bordados de terciopelo verde con su piama, amito, camisan, stola, manipulo ; — *it.* en una bolsa de los corporales bordada de tela de plata ; — *it.* un coxineto de raso carmesin ; — *it.* la custodia con la piedra sagrada ; — *it.* dos missales ; — *it.* dos touaias grandes y otra dos pequenas ; — *it.* un calice grande de plata, con su custodia ; — *it.* dos candeleros de plata con su custodia ; — *it.* un vaso de agua bendita de plata con su ysopo ; — *it.* dos jarricos grandes y otros dos pequenos de plata paral vino y el agua ; — *it.* un tapete ; — *it.* un torxero.

Item e nel cofre de la cavalleriza (1) se hallaron : *primo* una guarnicion de mula de grana con la clavazon de releno dorada y sus stafas de lo mesmo a la Romana; — *it.* una guarnicion de mula de terciopelo negro con la clavazon dorada y el freno y copas doradas y otras dos forradas de terciopelo ; — *it.* sillas y guarniciones de mulas y de cavallos y otras cosillas d-la ginetas

LA PLATA DE SERVICIO (2).

Primo vinte y ocho platos grandes ; — seys cobertores ; dos fuentes de plata de aguamanos ; — dos jarros ;

(1) Dans le coffre de la cavalerie : un harnachement de mule violet avec sa garniture de clous dorés et les étriers dorés à la romaine ; 1 harnachement de mule, d'étoffe lisse, noir, avec la garniture, avec le mors, les houppes (copas) dorées et les cordons de soie ; 2 *copas* dorées et deux garnies d'étoffe lisse ; des selles et harnais de mules et de chevaux et autres choses de peu d'importance.

(2) *L'argenterie de service.* — 28 grandes assiettes ; 6 couvercles, 2 bassins à laver les mains, 2 pots, 12 gobelets avec leurs soucoupes, 6 tasses, 12 cuillers, 2 grandes salières et 1 petite, doublée; 2 flasques, 1 flacon à médicaments, avec

doze gobeletos con dos sobrecopas; seys taças; — doze cucharos; — dos saleros grandes, otro 1 pequeno doblado; — dos flascos; — un gobeleto con su cubierta para medicinas; — otro gobeleto pequeno; — un barquin con su cubierta; — un bacin para la barba; — una bacinica para laca dira?; — dos candeleros grandes; — otros dos pequenos; — xxvi trincheos; — un pote. —

En una arca havia ciertas pieças de touajas y servietas del servizio de la mesa assi de Su R^{ma} Señoria como de la gente nuevas y usadas pte dellas limpias y otros susias

En la cogina havia muchas pieças paral servicio della las quales se consignaron a los cosineros conforme a la voluntad y testamiento de Su (1) R^{ma} Señoria. para que entrallos se repartissen e assi no stan a qui continuadas.

Cavalleriza (2).

Primo quatro mulas de Su R^{ma} Señoria; — quatro machos de las Andas; — dos machos de la Vexilla; —

son couvercle; 1 gobelet grand et 1 petit, 1 barquin? avec son couvercle; 1 bassin pour la barbe; 1 petit bassin; 2 grands chandeliers et 2 petits; 26 tranchoirs; 1 pot. — Dans une arche il y avait quelques pièces de nappes et serviettes pour le service de la table de Sa S^{ie} comme pour celui des gens de sa maison. Dans la cuisine, plusieurs pièces qui ont été livrées aux cuisiniers pour qu'ils se les divisent conformément à la volonté de Sa S^{ie}, et qui, en conséquence, ne sont pas énumérées.

(1) Lire partout ci-devant *Su* au lieu de *Sa*.

(2) *Cavalerie :* 4 mules de Sa S^{ie}; 4 mulets des Andes, 2 de la Vexilla; 17 mulets de bât avec leurs harnais; 13 chevaux de bât; la litière des Andes. Entre les mains du camérier Herman Rodriguez, les sommes suivantes, comptées

it. diezisiete aromilas con sus adreccos ; — treze quartaros ; — la litera de las Andas ;

Item en poder del camarero Hernan Rodriguez se hallaron los dineros siguientes : los qualos entrego et libro en mi presencia al locho señon regète *(registrade ?)* realmente contados; *primo* dosmil quatrosientos veynte y cinco scudos del sol en oro ; — *it.* sessenta y cinco coronas de rey en oro ; — *it.* dozientes y ochenta ducados de camera en oro ; — *it.* mil quincientos y diez y meno ducados de oro largos ; — *item* de otra parte novecientos con quatre ducados de oro largos ungares y españoles y medio scudo del sol.

Hec igitur bona superius expressa et non alia inventa fuerunt in domo habitationis dicti reverendissimi domini cardinalis cancellarii, protestatusque fuit prefatus magnificus manumissor quod de aliis bonis que invenientur seu inveniri potuerint in hereditate dicti reverendissimi testatoris extra curiam Cesareae maiestatis tam per se quam per alios manumissores nominatos prout onus suum tangit aliud facietur inventarium seu repertorium in quo fuerunt testes praesentes reverendus Ferdinandus Rodriguez hispalensis prothonotarius apostolicus et camerarius dicti reverendissimi domini cardinalis, reverendus P. helix de Fagnan caesareus capellanus, Ioannes Petrus Santillana,

en notre présence : 2,425 écus d'or sol, 5 couronnes de roy, d'or ; 80 ducats de chambre, d'or ; 510 ducats et demi, d'or, lourds ; d'autre part, 905 ducats d'or, lourds, hongrois et espagnols, et un demi-écu sol.

Baptista de Ranzo et plures alii de familia dicti reverendissimi cardinalis.

Signum mei Ioannis de Comalonga curie et catholicĕ maiestatis locum tenentis prothonotarii sacra apostolica imperiali et regia auctoritatibus publici notarii qui premissis ut supra interfui eaque scribi feci et clausi.

Ego Alfonsus Valdesius huius inventarii confectioni interfui. — A. Valdesius.

TABLE DES MATIÈRES

	Pages.
Avant-propos	7
I. Exposé pour la duchesse Marguerite, veuve de Philibert, duc de Savoie	20
II. Première représentation de Mercurin de Gattinara à l'empereur Charles-Quint	69
III. Deuxième représentation de Gattinara à Charles-Quint	84
IV. Inventaire des meubles du Grand Chancelier trouvés à Inspruck lors de sa mort	92

www.ingramcontent.com/pod-product-compliance
Lightning Source LLC
Chambersburg PA
CBHW070252100426
42743CB00011B/2229